Magnesium Kochbuch

Die leckersten magnesiumreichen Rezepte für ein starkes Immunsystem, weniger Krämpfe und bessere Konzentrationsfähigkeit

inkl. umfangreichem Hintergrundwissen

Sandra Weigel

Alle Ratschläge in diesem Buch wurden sorgfältig erwogen und geprüft. Eine Garantie kann dennoch nicht übernommen werden. Eine Haftung des Autors beziehungsweise des Verlags für jegliche Personen-, Sach- und Vermögensschäden ist daher ausgeschlossen.

🍳 INHALT

Was ist Magnesium?

Bevor wir gemeinsam mehr darüber erfahren können, warum Magnesium für den menschlichen Körper so wichtig ist und warum wir darauf achten sollten, stets genug von dem Mineralstoff zu uns zu nehmen, müssen wir erst das Rätsel um den Begriff lösen. Wenn Sie verstanden haben, was genau Magnesium ist, besitzen Sie bereits die ideale Basis, um mehr über Ihren eigenen Körper und die eigene Gesundheit, besonders in Hinblick auf Magnesium zu lernen. So werden die nachfolgenden Kapitel eine andere Gewichtung für Sie haben und Sie können sich das neue Wissen besser aneignen.

Wenn Sie angefangen haben, dieses Buch zu lesen, werden Sie von dem Begriff Magnesium höchstwahrscheinlich schon öfter etwas gehört haben. Auch Sie haben einen individuellen Interessenschwerpunkt, der Sie zu diesem Buch geführt hat. Den Wissensdurst können Sie bereits hier im allerersten Kapitel stillen. Zunächst ist zu sagen, dass Magnesium zu der Gruppe von Erdalkali-Metallen gehört. Erdalkali-Metalle umfassen alle zweiwertigen chemischen Elemente, also alle Elemente, die 2 Elektronen auf der äußersten Elektronenschale liegen haben. Magnesium fungiert einerseits in geringem Maße als Elektrolyt. Elektrolyte sind alle gelösten oder geschmolzenen Substanzen, die in einem elektrischen Feld dissoziieren. Die positiv geladenen Kationen werden also von der negativ geladenen Kathode angezogen und die wiederum negativ geladenen Anionen von der positiv geladenen Anode. Neben der Funktionalität als Elektrolyt wirkt Magnesium aber vorrangig als zweiwertiges Ion, was eine wichtige Rolle in sehr vielen Proteinen und Enzymen spielt. Zudem ist Magnesium ebenso relevant, wenn es um die Wechselwirkung des Mineralstoffes mit anderen Stoffen geht. In diesem Kontext ist die Verfügbarkeit von Magnesium beispielsweise besonders für Calcium wichtig.

2|WAS IST MAGNESIUM?

Die bedeutende Rolle

D a Magnesium einer der essenziellen Stoffe ist, kann kein Organismus auf Magnesium verzichten. Magnesium findet man beispielsweise mit 2 % Anteil im Blattgrün von Pflanzen und im Körper eines erwachsenen Menschen befinden sich durchschnittlich 20 g Magnesium insgesamt. Fast die Hälfte des im menschlichen Körper befindlichen Magnesiums ist in den Knochen gespeichert.

Wie schon kurz erwähnt, gehört Magnesium zu den Elektrolyten. Elektrolyte tragen also in gelöster Form im Körper eine elektrische Ladung. Der Großteil des Magnesiums als Elektrolyt im Körper ist aber an Proteine gebunden und ungeladen. Magnesium ist ein wichtiger Hauptbestandteil für den Aufbau und Erhalt der Zähne und Knochen. Dadurch, dass Magnesium ebenso unerlässlich für die körpereigenen Proteine und fast 300 Enzyme ist, wirkt es als wichtige Basis für eine normale Funktionalität der Muskulatur und Nerven. Sehr viele der menschlichen Enzyme im Körper können ohne Magnesium gar nicht arbeiten. Da Enzyme und Proteine alle möglichen Abläufe im Körper initiieren, kann in der Folge ohne den Mineralstoff Magnesium nichts rund laufen. Neben grundlegenden Körperfunktionen unterstützt der Allrounder Magnesium auch andere Stoffwechselprozesse, wie beispielsweise die von Kalium oder Kalzium. Wäre also Magnesium im Körper nicht vorhanden oder nicht in ausreichender Menge, würde sich das auch auf andere Mineralstoffe, Vitamine oder Ähnliches auswirken.

Magnesium beeinflusst in seiner An- oder Abwesenheit maßgeblich die Zellteilung, den Stoffwechsel von Fetten, Kohlenhydraten und Eiweißen sowie generell das Herzkreislaufsystem. Dadurch, dass Magnesium auch bei der Übertragung von Nervenimpulsen benötigt wird und damit einen großen Einfluss auf die Regulation des Nervensystems hat, ist es unablässig für die Muskelkontraktion, die einwandfreie Tätigkeit des Herzens und die Entspannung der

Skelettmuskulatur. Auch die Gesundheit der Haut und die Festigkeit der Körpermuskulatur im Allgemeinen werden durch Magnesium beeinflusst.

Indem der Mineralstoff in der Lage ist, Blutgefäße zu erweitern und dadurch die Blutversorgung des Gewebes verbessert, wirkt Magnesium Durchblutungsstörungen und Muskelkrämpfen entgegen. Eine hochdosierte Gabe von Magnesium, die auch noch bis in die Tiefenmuskulatur und das Nervensystem vordringt, hat eine so entspannende und beruhigende Wirkung, dass durch diesen einen Stoff Nervosität, Depressionen oder sogar Angstzustände positiv beeinflusst werden können. Zusätzlich kann Magnesium beim Einschlafen helfen, wenn man eine entsprechende Dosierung vor dem Zubettgehen nimmt und dem Stoff noch etwas Zeit zum Wirken lässt. Neben den 300 Enzymen, die ihre Wirkung ohne Magnesium gar nicht entfalten können, werden auch Nukleinsäuren und Eiweiße im Körper mithilfe des Mineralstoffes hergestellt. Die Produktion von Nukleinsäuren sorgt für die Bildung der eigenen Erbsubstanz, die ohne Magnesium also nicht vonstattengehen kann. Zudem ist Magnesium an Prozessen beteiligt, die die Zellmembran stabilisieren.

Magnesiummangel

Wie Sie bereits dem ersten Kapitel entnehmen konnten, ist Magnesium für jeden Organismus überlebenswichtig. Der Mineralstoff ist an sehr vielen Prozessen beteiligt und sorgt dafür, dass unser Körper überhaupt funktionieren kann. Die Kehrseite der Medaille ist, dass ebenso viel schiefläuft, wenn dieser essenzielle Mineralstoff in zu geringen Mengen im menschlichen Organismus vorhanden ist. Bei Magnesiummangel gibt es also viele Baustellen, die deutlich spürbar sind und darauf hindeuten, dass ein Mangel im Körper besteht. Im weiteren Verlauf dieses Kapitels lernen Sie also mehr darüber, wie und welche Warnhinweise Ihnen Ihr eigener

Körper gibt, was das genau zu bedeuten hat und wie viel Magnesium Sie wirklich benötigen. Außerdem werden Sie mehr darüber lernen, wie ein Magnesiummangel überhaupt zustande kommt.

URSACHEN VON MAGNESIUMMANGEL

Der Magnesiummangel, in Fachkreisen auch als Hypomagnesiämie bezeichnet, beschreibt die verminderte Magnesiumkonzentration, die im Blut nachgewiesen wird. Der Magnesiummangel kann durch zweierlei übergeordnete Ursachen entstehen. Entweder nehmen Sie zu wenig Magnesium zu sich oder Sie haben einen erhöhten Verlust des Mineralstoffes. Studien zufolge leiden sogar bis zu 20 % der gesamten Weltbevölkerung unter Magnesiummangel. Allein diese Tatsache spricht dafür, wie wichtig die Thematik und wie weitverbreitet das Problem ist.

Magnesiummangel kann in jeder Altersgruppe auftreten, am häufigsten findet man diesen jedoch bei Jugendlichen. Die körpereigene Regulation des Magnesiumhaushaltes ist auch ohne äußere Einwirkung schon gut. So verfügt der Körper über eine Bandbreite an Mechanismen, die entweder die Magnesiumaufnahme durch den Darm verbessern oder verhindern, dass zu viel des Mineralstoffes ausgeschieden wird. Bei einem sehr geringen Prozentanteil können auch genetische Faktoren dafür sorgen, dass diese Regulierungsmechanismen gestört sind. In diesem Fall würden Mangelerscheinungen bereits in der frühen Kindheit oder sogar schon im Säuglingsalter auftreten.

Wie Sie sehen, gibt es also meistens andere Ursachen als eine Störung im Körper direkt, die dann zu Magnesiummangel führen. Dazu gehören unter anderem eine zu einseitige Ernährung oder direkte Mangelernährung, ein erhöhter Bedarf an Magnesium durch Schwangerschaft, Sport oder Stress, Essstörungen, Alkoholismus, eine Entzündung der Bauchspeicheldrüse, grundsätzlich entzündliche und chronische Darmerkrankungen, Verbrennungen, häufiges Erbrechen sowie lang anhaltender Durchfall, Diabetes mellitus, chronische Nierenerkrankungen, eine Schilddrüsenüberfunktion sowie die Über- oder Unterfunktion der Nebenschilddrüse. Auch die Einnahme bestimmter Medikamente kann dafür sorgen, dass sich ein Magnesiummangel einstellt. Wenn Sie beispielsweise Diuretika, Antibiotika oder harntreibende Medikamente einnehmen müssen, können diese mitunter für eine erhöhte Ausscheidung von Magnesium sorgen und die Bilanz ins Negative ziehen.

SYMPTOME BEI MAGNESIUMMANGEL

Wenn Sie merken, dass Sie einen Magnesiummangel haben, ist dieser bereits sehr stark ausgeprägt, weil sich Magnesiummangel nur bei einer extrem geringen Konzentration im Blut bemerkbar macht. Vorher können Sie durch die fehlende Symptomatik nicht ohne Blutanalyse feststellen, dass ein Magnesiummangel besteht. Dadurch, dass Magnesium an sehr vielen Prozessen im Körper gleichzeitig beteiligt ist, wirken sich auch die Symptome eines Mangels auf vielfältige Weise aus. Besonders eindeutige Symptome für einen Magnesiummangel sind Krämpfe der Kaumuskulatur oder Wadenkrämpfe. Diese beiden Baustellen machen sich auch besonders schnell bemerkbar.

Bestimmte Unterkategorien von Herzrhythmusstörungen können ebenso ein Warnhinweis für Magnesiummangel sein. Es gibt noch eine Reihe unspezifischer Symptome, die als Warnhinweise für viele Disparitäten im Körper fungieren können, aber unter anderem auch für Magnesiummangel. Besonders in Kombination mit eindeutigeren Symptomen wie Krämpfen lassen sich diese unspezifischen Symptome besser zuordnen. Zu dieser Kategorie gehören Nervosität, Abgeschlagenheit oder generelle Appetitlosigkeit.

Grundsätzlich gibt es eine Reihe von Symptomen, die allein, aber meist in irgendeiner Art von Kombination miteinander auftreten können. Neben den schon zuvor genannten sind dies Schwindel, Muskelzuckungen, Reizbarkeit, Verdauungsbeschwerden wie Durchfall oder Verstopfung, Müdigkeit, innere Unruhe, Herzrasen oder Herzklopfen, depressive Zustände, Kopfschmerzen, Durchblutungsstörungen und Taubheitsgefühle an Füßen sowie Händen. Diese Symptome sind kein eindeutiger Beweis für einen Magnesiummangel, weil alles Aufgezählte auch bei einer Vielzahl von anderen Erkrankungen auftreten kann. Trotzdem können Symptome ein guter Anhaltspunkt dafür sein, einmal bei dem Hausarzt vorstellig zu werden und den Magnesiummangel gezielt anzusprechen.

Falls es bereits im Säuglingsalter zu einem Magnesiummangel kommt, treten Infektanfälligkeit, Gedeihstörungen und die Neigung zu Krampfanfällen auf. Etwas ältere Kinder zeigen vorwiegend

Konzentrationsschwäche und Müdigkeit. Bei Mädchen sorgt der Magnesiummangel eventuell zusätzlich dafür, dass die Menstruation erst sehr spät einsetzt und/oder dann krampfartige und besonders starke Schmerzen mit sich bringt.

Auch in der Schwangerschaft kann es zu Magnesiummangel kommen. Dieser äußert sich durch Erbrechen, Übelkeit, Bluthochdruck und Wassereinlagerungen. Hier können Magnesium-Präparate dabei helfen, die Vorwehen zu lindern. Es muss aber darauf geachtet werden, nahe des errechneten Geburtstermins kein Magnesium mehr einzunehmen, weil sonst womöglich wichtige Geburtswehen abgeschwächt werden. Wenn ein Magnesiummangel vorliegt, sollte dieser immer so schnell wie möglich behandelt werden, weil auch der restliche Mineralhaushalt des Körpers extrem durch diesen Mangel beeinflusst wird.

Typische Symptome unabhängig vom Alter	Krämpfe der Kaumuskulatur, Wadenkrämpfe, unterschiedliche Formen von Herzrhythmusstörungen
Unspezifische Symptome, die in Kombination mit spezifischeren	Schwindel, Muskelzuckungen, Reizbarkeit, Verdauungsbeschwerden wie Durchfall oder Verstopfung, Müdigkeit, innere

Symptomen wie Krämpfen gedeutet werden können	Unruhe, Herzrasen oder Herzklopfen, depressive Zustände, Kopfschmerzen, Durchblutungsstörungen und Taubheitsgefühle an Füßen sowie Händen
Symptome im Säuglingsalter	Infektanfälligkeit, Gedeihstörungen, Neigung zu Krampfanfällen
Symptome im Kindes- bis Jugendalter	Konzentrationsschwäche, Müdigkeit, verspätetes Einsetzen der Menstruation bei Mädchen
Symptome in der Schwangerschaft	Erbrechen, Übelkeit, Bluthochdruck, Wassereinlagerungen

WIE VIEL MAGNESIUM BENÖTIGE ICH?

Der Magnesiumbedarf ist sehr individuell und orientiert sich an Lebenssituation und Alter. Außerdem schwanken die empfohlenen Werte von Land zu Land leicht. So empfehlen die USA beispielsweise höhere Werte als Deutschland. Bei der Empfehlung handelt es

sich aber nicht um ein exaktes Tagesziel, sondern soll eher eine Orientierungshilfe bieten, um sich nicht ganz vom Ziel zu entfernen. Die deutsche Gesellschaft für Ernährung hat einen Katalog mit Werten herausgegeben, der sich an Alter und Geschlecht orientiert.

Die hier erstellte Tabelle gibt eine gute Übersicht, sodass Sie schnell den Richtwert finden, an dem Sie sich in Zukunft etwas orientieren können. Die Werte aus der erstellten Tabelle lassen sich auf der Internetseite der deutschen Gesellschaft für Ernährung unter www.dge.de/wissenschaft/referenzwerte/magnesium entnehmen.

Alter und Geschlecht	Empfohlene Tagesdosis
Säuglinge bis 4 Monate	24 mg
Säuglinge 4 bis 12 Monate	60 mg
Kinder 1 bis 4 Jahre	80 mg
Kinder 4 bis 7 Jahre	120 mg
Kinder 7 bis 10 Jahre	170 mg
Weibliche Jugendliche 10 bis 13 Jahre	230 mg
Männliche Jugendliche 10 bis 13 Jahre	250 mg

Weibliche Erwachsene 15 bis 19 Jahre	350 mg
Männliche Erwachsene 15 bis 19 Jahre	400 mg
Weibliche Erwachsene ab 25 Jahre	300 mg
Männliche Erwachsene ab 25 Jahre	350 mg
Schwangere	310 mg
Stillende	390 mg

Anwendungsmöglichkeiten

Wie Sie in dem vorherigen Kapitel feststellen konnten, beteiligt sich Magnesium an sehr vielen Prozessen im menschlichen Körper und ist für eine große Menge an Abläufen sogar essenziell. Daraus ergibt sich also, dass Magnesium ein unheimlich wichtiger Mineralstoff ist und jede Person darauf achten sollte, stets genug Magnesium zu sich zu nehmen. Dank der weiter oben stehenden Tabelle der deutschen Gesellschaft für Ernährung können Sie ganz einfach feststellen, wie viel Magnesium Sie täglich benötigen.

Mithilfe einer ausgewogenen Ernährung lässt sich bereits ein Großteil des täglichen Bedarfs an

Magnesium decken, wobei hier oft dennoch Defizite bestehen. In der Nationalen Verzehrstudie stellte sich sogar heraus, dass fast 30 % der Frauen und etwas über 25 % der Männer mit der Ernährung weniger Magnesium aufnehmen, als eigentlich für die individuellen Personen empfohlen wird. In der Theorie ist also alles schön und gut, jedoch lässt die Umsetzung vor allem im Alltag oft noch zu wünschen übrig.

Um sich bei der bewussten Ernährung tagtäglich nicht zu sehr den Kopf zerbrechen zu müssen, sind Nahrungsergänzungsmittel eine gute Hilfe. Vor allem die Menschen mit einem erhöhten Bedarf an Magnesium, beispielsweise durch sportliche Aktivität, können hier von der kleinen Hilfe profitieren. So müssen Sie nicht jeden Tag und für jede Mahlzeit den Magnesiumgehalt der verwendeten Zutaten ausrechnen. Wenn Sie grundsätzlich auf eine gesunde und ausgewogene Ernährung achten und mit Nahrungsergänzung unterstützen, brauchen Sie sich keine Sorgen darüber zu machen, dass Sie Ihre empfohlene Tagesdosis an Magnesium womöglich nicht erreichen. In diesem Kontext finden besonders die beiden Produkte aus dem Zelltuning Shop ihren Platz. MagneZell Aktiv oder Magnesium Pro 8 sind der perfekte Begleiter bei Ihrer Ernährung und versorgen Ihren Körper ausreichend und in hochwertiger Form mit dem so dringend benötigten Magnesium. Beide Produkte enthalten hochdosiertes Magnesium mit einer optimalen Bioverfügbarkeit und sind dazu auch noch vegan.

Durch die vielfältige Integration des Mineralstoffes im menschlichen Körper gibt es ebenso vielfältige Anwendungsmöglichkeiten für Magnesium. Zuallererst ist der menschliche Organismus ohne diesen essenziellen Stoff nicht lebensfähig. Die mehr als 600 Vorgänge im Körper, an denen Magnesium beteiligt ist, könnten ohne den Baustein nicht stattfinden.

Magnesium kommt beispielsweise zum Einsatz, um Müdigkeit zu lindern und das Elektrolytgleichgewicht im Körper wiederherzustellen oder zu erhalten. Es unterstützt die Funktionalität des Energiestoffwechsels und die Funktionalität des Nervensystems. Durch seinen großen Einfluss wirkt sich Magnesium positiv auf die körperliche Leistungsfähigkeit und die Psyche aus. Es beeinflusst die Ausschüttung von Adrenalin, unterstützt das Gleichgewicht der Hormone in den Nebennieren, der Schilddrüse und der Nebenschilddrüse und ist auch nicht wegzudenken, wenn es um die Regulierung des Blutzuckerspiegels geht.

Diese wichtigen Hormonsysteme sind eng mit vielen Körperfunktionen verzahnt und wirken sich

maßgeblich auf das allgemeine psychische Wohlbefinden und auch die Regenerationsfähigkeit aus. Bei starkem Dauerstress oder einem Gefühl des „Ausgebrannt-Seins" hilft ebenso eine zusätzliche Dosierung von Magnesium, da die beruhigende Wirkung auf das Nervensystem in diesem Zusammenhang deutliche Linderung verschaffen kann. Auch, wenn der Alkoholkonsum mal etwas höher ist, kann die verstärkte Ausscheidung über die Niere schnell mit einer zusätzlichen Magnesiumzufuhr ausgeglichen werden. So fühlt man sich im Nachhinein etwas weniger stark vom Alkohol belastet.

Wie schon vorher erwähnt, wirkt Magnesium im Nervensystem auch in Bezug auf die Kontraktion und Entspannung der Muskulatur. Der Mineralstoff ist ein beeinflussender Faktor, wenn es darum geht, das Aktionspotenzial von der Nervenzelle an die Muskelzelle weiterzuleiten und damit eine Kontraktion des Muskels auszulösen. Wenn dieser Mechanismus gestört ist, kann es zu Muskelkrämpfen kommen. Die häufigste Ursache für Krämpfe ist eine Störung im eigenen Elektrolythaushalt. Hier geht es vorrangig darum, dass ein Ungleichgewicht zwischen den Mineralstoffen Kalzium und Magnesium besteht. Wird dieses Ungleichgewicht durch die Einnahme von Magnesium wieder ausgeglichen, gibt es auch nach kurzer Zeit keine Muskelkrämpfe mehr und die Beschwerde wurde durch Magnesium gelöst.

So wirkt Magnesium bei vielerlei Krämpfen. Zehenkrämpfe, Wadenkrämpfe, Bauchkrämpfe, Lidzucken oder generell verspannte Muskelpartien lassen sich lösen. Zudem berichteten bereits Migränepatienten von einer Linderung der Symptome, wenn zusätzlich Magnesium aufgenommen wird. Durch die krampflösende Wirkung des Mineralstoffes profitieren Frauen auch im Rahmen von Menstruationsbeschwerden.

In der Schwangerschaft ist Magnesium besonders zu empfehlen, da ohnehin schon ein erhöhter Bedarf besteht. Studien konnten bereits belegen, dass Schwangerschaftsdiabetes und Bluthochdruck seltener auftraten, wenn Magnesium zusätzlich eingenommen wurde.

Da Magnesium sehr wichtig für den Erhalt von Zähnen und Knochen ist, kann eine langfristige Deckung des Magnesiumbedarfs Erkrankungen wie Osteoporose verhindern. Da der Körper sich für die Gewinnung von ATP nicht an Knochen oder Zähnen bedienen muss, werden diese geschützt und über Jahre besser erhalten.

Wie Sie bestimmt schon einmal gehört haben, gibt es eine große Bandbreite von Erkrankungen, die für sich gesehen schon schlecht für den Körper sind, aber dann auch noch Folgeschäden mit sich bringen können. Besonders der Mangel an Magnesium kann bestimmte Krankheitstypen begünstigen, sodass sich Folgeschäden entwickeln. So empfiehlt sich in Absprache mit dem behandelnden Arzt die Magnesiumeinnahme, um Folgeschäden von Krankheiten abzuflachen, wie beispielsweise bei Diabetes, Bluthochdruck, Herzkreislauferkrankungen, Fettstoffwechselstörungen oder Übergewicht. Die Meta-Analyse von gleich 7 Studien aus 2012 konnte sogar belegen, dass sich das Risiko eines Schlaganfalles statistisch relevant reduziert, wenn Magnesium über einen längeren Zeitraum eingenommen wird.

Magnesium in der Ernährung

In den vorherigen Kapiteln haben Sie mehr darüber erfahren, was Magnesium ist, warum der Mineralstoff so wichtig für alle Organismen und insbesondere auch für den menschlichen Organismus ist und in wie vielen Bereichen die ausreichende Einnahme von Magnesium hilfreich sein kann. Der rote Faden war hierbei jedoch immer ein bestimmter Knackpunkt: die Ernährung. Die Ernährung ist neben anderen körperlichen Dispositionen eine große Ursache dafür, warum Magnesiummangel überhaupt entsteht, und auch gleichzeitig ein großer Teil der Lösung. Da die Ernährung im Kontext zu Magnesium so eine prägnante Rolle einnimmt, werden sich die folgenden Kapitel besonders auf diese große Stellschraube konzentrieren.

ERNÄHRUNG DER MODERNE

Was ist eigentlich so besonders an der Ernährung der Moderne? Wir haben dieselben Lebensmittel zur Verfügung und es kommen stetig sogar noch neue Produkte hinzu, die die Wahlmöglichkeiten im Supermarkt schier unerschöpflich werden lassen. Wir können uns ernähren, wie es uns beliebt, und müssen uns in den meisten Ländern dieser Welt in keinerlei Hinsicht einschränken. Selbst wenn man unterwegs ist, findet man an jeder Ecke eine Quelle der wertvollen Nahrung. Egal, ob Imbiss, Schnellrestaurant oder Supermarkt mit einem Angebot an fertigen Gerichten zum Mitnehmen, wir können zu jeder Zeit und an jedem Ort essen, was auch immer wir möchten.

Liegt vielleicht genau da das Problem? Zum Teil sicherlich! Wir müssen uns unsere Nahrung nicht mehr hart erkämpfen oder kilometerweit für einen

Apfel wandern, so wie es vor Abertausenden von Jahren der Fall war. Zudem sind die Menschen sehr erfinderisch geworden und haben den Weg der geringsten Kosten für sich entdeckt. Je weniger Aufwand ich für mein Essen betreiben muss, desto besser. So entstanden irgendwann Schnellrestaurants, Fertiggerichte und Tiefkühltüten mit einem Inhalt, der nach 10 Minuten in der Pfanne auf einmal zum Gericht geworden ist. Es ist fast zu schön, um wahr zu sein, und tatsächlich bringt auch diese Lebensweise Nachteile mit sich.

Wir sind in der Lage, uns deutlich vielfältiger zu ernähren und sogar ganz entgegengesetzt jeglicher Saison oder Breitengrad auf der Erde. Inzwischen kann man im Norden von Deutschland fast ganzjährig Mangos kaufen oder sein Müsli morgens mit exotischer Sternfrucht dekorieren. Dabei bleibt die Qualität unserer Nahrung aber oft auf der Strecke. Wir greifen immer öfter zu stark verarbeiteten Lebensmitteln, weil der Alltag augenscheinlich immer hektischer wird und alles schneller, besser und weiter gehen muss. Unser Körper ist aber nicht darauf ausgelegt, mit einer Mahlzeit noch eine Auswahl an Geschmacksverstärkern und anderen Zusatzstoffen aufzunehmen.

Diese Stoffe kann der Körper nicht nutzen und sie wirken außerdem noch zusätzlich als Ballast, der die

Maschinerie des Organismus rosten lässt. Die richtigen Lebensmittel wie Obst und Gemüse sind zum Zeitpunkt des Verzehrs so oft weiterbehandelt worden, dass die wichtigen Nährstoffe, die in den Zutaten normalerweise enthalten wären, schon lang nicht mehr da sind oder erheblich vermindert wurden. Wir ernähren uns nicht mehr saisonal und, auf die breite Masse der Bevölkerung gerichtet, weniger oft von frischen Zutaten, die noch komplett unverarbeitet sind.

Dazu kommt eine Ironie der Moderne, denn trotz der großen Vielfalt an frischen Lebensmitteln, die durch die Globalisierung fast auf der ganzen Welt frei zugänglich sind, ernähren wir uns einseitig. So rutscht der Körper nicht nur in eine Mangel- oder Fehlernährung, sondern muss gleichzeitig auch noch gegen all die fremden und künstlichen Stoffe ankämpfen, die dem Organismus nicht nur nichts bringen, sondern diesen auch noch langsam vergiften. Viele Komponenten ergeben zusammen eine heutige Wirklichkeit, die Mangelerscheinungen zum Trend werden lassen.

Das Gute an der Sache ist, dass Sie selbst in der Hand haben, ob Sie sich dem Trend und der Entwicklung Richtung Lowest-cost-path hingeben oder sich aktiv für einen bewussten Lebensstil und einen gesunden und glücklichen Körper entscheiden möchten. Den ersten Schritt gehen Sie schon, indem Sie sich näher mit dem Thema Magnesium befassen und durch diesen Ratgeber lernen, wie Sie auf sich selbst hören können und Ihrem Körper Gutes tun. Daher kommen im Folgenden ein paar Erwähnungen zu guten Magnesiumlieferanten im Bereich der Lebensmittel. Daraufhin lernen Sie mehr über die Vision, wie Ihre Ernährung ablaufen könnte, und können diese Theorie durch die Vielzahl an leckeren Rezepten im Rezeptteil direkt in die Tat umsetzen.

DAS EINMALEINS DER BESTEN MAGNESIUMLIEFERANTEN

Wie es bei jedem Nährstoff der Fall ist, kommt auch Magnesium in manchen Lebensmitteln mehr vor und in anderen weniger. Es gibt eine Reihe von Lebensmitteln, die eine im Vergleich größere Menge Magnesium enthalten und auch in den Rezepten wiederzufinden sind.

Zu diesen Lebensmitteln gehören beispielsweise stark entöltes Kakaopulver, Kürbiskerne, Sesam, Sonnenblumenkerne, Mohn, Amarant, Quinoa,

Buchweizen, Cashewkerne, Hülsenfrüchte, Mandeln, Hirse, Haferflocken, getrocknete oder frische Bananen, Feigen, Vollkornreis, Aprikosen, Datteln, Vollkornnudeln, Avocado, Him- und Brombeeren, Brokkoli sowie Kartoffeln.

Grundsätzlich enthalten die meisten Lebensmittel einen Anteil von Magnesium, was sich allein schon dadurch begründen lässt, dass Magnesium für alle Organismen auf der Erde essenziell ist. Jedoch gibt es in der enthaltenen Menge große Unterschiede. Tierische Lebensmittel haben grundsätzlich weniger Magnesium als pflanzliche Lebensmittel. Jedoch folgen nun ein paar Produktbeispiele mit einem auf die Lebensmittelkategorie bezogen hohen Gehalt an Magnesium. Dazu gehören Emmentaler, Salami, Gouda, Steak sowie Joghurt in der Vollfettstufe oder mit 10 % Fett.

Wenn Sie beginnen, die aufgelisteten Magnesiumlieferanten häufiger in Ihre Ernährung einzubauen, können Sie Ihre Magnesiumzufuhr allein durch diese neue Gewohnheit erhöhen.

LEITLINIEN FÜR EINE MAGNESIUMREICHE ERNÄHRUNG

Zusammenfassend lässt sich sagen, dass Sie für eine Ernährung mit ausreichend Magnesium darauf achten sollten, sich ausgewogen zu ernähren, aber, wenn möglich, auf viele stark verarbeitete Nahrungsmittel verzichten. Je verarbeiteter das Lebensmittel, desto ungesunder ist es für den Körper und desto weniger Nährstoffe wie Magnesium sind enthalten. Achten Sie also zukünftig am besten darauf, genug Obst und Gemüse in Ihre Ernährung einzubauen. Verwenden Sie Zutaten, die so frisch wie möglich sind. Hier gilt aber, dass man auch durchaus mal zu einem reinen Gemüsemix aus der Tiefkühlabteilung greifen kann. Das Gemüse in diesen Tüten wird geerntet und dann direkt schockgefrostet, sodass manchmal sogar noch mehr Nährstoffe erhalten bleiben, als würden Sie Ihr Gemüsefach mit Lebensmitteln füllen, die schon einen langen Transportweg und 3 Tage im Supermarkt hinter sich haben.

Achten Sie bei der Verwendung von Teigwaren darauf, dass Sie Vollkorn nutzen, und haben Sie auch grundsätzlich keine Angst vor ganzen Körnern oder ganzem Getreide. Mithilfe der Rezepte können Sie sich einen guten Überblick verschaffen und haben einen einfachen Start in eine neue, abwechslungsreiche und gesunde Ernährungsweise. Neben der richtigen Ernährung bietet sich auch die Substitution von Magnesium an. Da es im Alltag doch immer wieder mehrere Faktoren gibt, die dafür sorgen, dass der Tagesbedarf an Magnesium steigt, brauchen Sie auch vor Nahrungsergänzungsmitteln nicht zurückzuschrecken. Im Gegenteil kann eine richtige Nahrungsergänzung den entscheidenden Unterschied machen. Achten Sie hierbei auf eine gute Qualität und orientieren Sie sich eher an qualitativ hochwertigen Anbietern wie Zelltuning und Co.

■

Magnesiumreiche Rezepte

Frühstück

MANDEL-KOKOS-MÜSLI

Nährwerte: 540 kcal, 115 mg Magnesium, 36 g Fett, 43 g
Kohlenhydrate, 15 g Eiweiß

Zutaten für 2 Portionen:

50 g Kokosflocken
60 g gehackte Mandeln
75 g Haferflocken
3 EL Agavendicksaft

Zubereitung:

1. Rösten Sie die Mandeln und Kokosflocken in einer Pfanne, bis diese sich leicht braun verfärben. Gießen Sie dann den Agavendicksaft über die Kokosflocken und Mandeln und rühren die Mischung gut durch, bis sich kleine Klümpchen bilden.

2. Vermischen Sie dann den Inhalt der Pfanne mit den Haferflocken und lassen alles zusammen in einer Schüssel auskühlen. Das Müsli kann nach Gusto mit zusätzlichem Trockenobst garniert werden.

VANILLE-MANDEL-QUINOA

Nährwerte: 613 kcal, 240 mg Magnesium, 38 g Fett, 48 g Kohlenhydrate, 20 g Eiweiß

Zutaten für 2 Portionen:

150 ml Wasser
100 g Quinoa
150 ml Mandeldrink
1 TL Vanilleextrakt
2 EL Ahornsirup
2 EL Mandelmus
1 Orange
Etwas Zimt
100 g geschälte, ganze Mandeln

Zubereitung:

1. Füllen Sie die Quinoa, das Wasser und die Mandelmilch zusammen in einen Topf und lassen die Mischung aufkochen. Sobald die Masse aufgekocht hat, reduzieren Sie die Hitze und lassen die Quinoa für ungefähr 20 Minuten köcheln. Rühren Sie während des Kochvorgangs gelegentlich um.

2. In der Zwischenzeit hacken Sie die Mandeln grob und teilen die gehackten Mandeln in zwei gleich große Mengen. Schälen und filetieren Sie zudem die Orange.

3. Nach den 20 Minuten Kochzeit wird die fertige Quinoa mit dem Ahornsirup, Mandelmus und Vanilleextrakt vermischt. Mischen Sie auch eine Hälfte der gehackten Mandeln unter.

4. Legen Sie die filetierten Orangenscheiben auf den Boden eines Serviergläschens und verteilen die fertig gemischte Quinoa darauf. Bestreuen Sie das Gericht abschließend und kurz vor dem Servieren noch mit den restlichen Mandeln und etwas Zimtpulver.

SELBST GEMACHTES MANDELMUS ALS LECKERER AUFSTRICH

Nährwerte je 100 ml: 941 kcal, 351,2 mg Magnesium, 84 g Fett, 9,2 g Kohlenhydrate, 37 g Eiweiß

Zutaten für 500 ml:

> *800 g unbehandelte Mandeln mit Haut*
> *½ TL Salz*
> *Zimt nach Geschmack*
> *Kardamom nach Geschmack*
> *Gemahlener Ingwer nach Geschmack*

Zubereitung:

1. Heizen Sie den Backofen auf 200 °C Ober- und Unterhitze vor. Verteilen Sie die Mandeln gleichmäßig auf einem mit Backpapier ausgelegten Backblech und rösten diese für 10 Minuten im Ofen an.

2. Lassen Sie die Mandeln dann erst vollständig abkühlen und pürieren diese in einem Hochleistungsmixer oder in der Küchenmaschine so lange, bis ein Mus

entsteht. Je nach Gerät dauert die Musbildung unterschiedlich lange. Es bietet sich an, kurze Mixpausen von einer Minute einzulegen, damit das Fett der Mandeln die Möglichkeit hat, auszutreten und die musige Konsistenz hervorzurufen. Es handelt sich hier also eher um ein Intervallmixen.

3. Haben Sie die musige Konsistenz erreicht, können Sie dieses nach Belieben mit den aufgelisteten Gewürzen abschmecken und noch einmal gut durchmixen.

4. Verstauen Sie das Mandelmus in einem luftdichten Gefäß. Idealerweise nutzen Sie hier ein steriles Glas mit Schraubverschluss. Im Kühlschrank hält sich Ihr leckerer Brotaufstrich bis zu zwei Wochen.

PANCAKES AUF RICOTTA-BASIS MIT APRIKOSEN

Nährwerte: 498 kcal, 35 mg Magnesium, 24 g Fett, 51 g Kohlenhydrate, 18 g Eiweiß

Zutaten für 2 Portionen:

160 g Ricotta

6 EL Zitronensaft

2 Eier

80 g Buchweizenmehl

2 TL Honig

2 TL Kokosöl

1 TL Backpulver

6 EL Joghurt

2 Stiele Minze

4 Aprikosen

Zubereitung:

1. Rühren Sie die Eier mit Ricotta, Honig und Zitronensaft glatt, geben dann Backpulver sowie Buchweizenmehl hinzu und verrühren alles zu einem dickflüssigen Teig.

2. Erhitzen Sie das Kokosöl in einer Pfanne, geben jeweils einen gut gefüllten EL Teig in die Pfanne und backen den Teig von beiden Seiten für je eine Minute aus. Aus dem Teig ergeben sich ungefähr 5 Pancakes pro Person.

3. Parallel werden die Aprikosen gewaschen, halbiert und in Spalten geschnitten. Rühren Sie den Joghurt cremig. Waschen Sie außerdem die Minze, schütteln diese dann trocken und zupfen die Blättchen vom Stiel ab.

4. Stapeln Sie die gebackenen Pancakes auf einem Teller, geben den Joghurt und die Aprikosenspalten darauf und garnieren das Gericht mit Minzblättern.

ERBSEN-AVOCADO-PÜREE AUF SÜßKARTOFFEL-TOAST

Nährwerte: 426 kcal, 79 mg Magnesium, 19 g Fett, 46 g Kohlenhydrate, 16 g Eiweiß

Zutaten für 1 Portion:

- *1 kleine Süßkartoffel (ungefähr 150 g)*
- *¼ Avocado*
- *50 g TK-Erbsen*
- *1 EL Zitronensaft*
- *Pfeffer*
- *Salz*
- *Chiliflocken*
- *50 g Feta*
- *½ Handvoll Feldsalat*

Zubereitung:

1. Heizen Sie den Backofen auf 180 °C Umluft vor. Schälen und waschen Sie die Süßkartoffeln und schneiden diese dann in 4 bis 6 Scheiben. Legen Sie die Scheiben auf ein mit Backpapier belegtes Backblech und backen diese für 8 bis 10 Minuten im Ofen gar.

2. In der Zwischenzeit werden die Erbsen in einem Topf mit kochendem Wasser für 3 Minuten gegart, dann abgegossen und abgetropft. Heben Sie das Avocadofruchtfleisch aus der Schale und pürieren dieses zusammen mit den Erbsen, Salz, Chiliflocken, Pfeffer und Zitronensaft.

3. Waschen Sie nun den Feldsalat und schleudern diesen trocken. Außerdem zerbröseln Sie den Feta. Nehmen Sie die Süßkartoffelscheiben aus dem Ofen, belegen diese mit Feldsalat, geben dann das Püree darauf, bestreuen das Gericht mit Fetabröseln und garnieren es abschließend mit Chiliflocken.

SCHOKOLADIGE OVERNIGHT-OATS MIT FEIGEN

Nährwerte: 414 kcal, 262 mg Magnesium, 14 g Fett, 46 g Kohlenhydrate, 13 g Eiweiß

Zutaten für 1 Portion:

30 g Zartbitterschokolade mit 70 % Kakaoanteil
10 g stark entöltes Kakaopulver
75 g Dinkelflocken
30 g Pistazienkerne
100 ml Haferdrink
1 Stiel Minze
1 Feige
10 g Kakaonibs

Zubereitung:

1. Hacken Sie die Schokolade klein und verrühren diese mit Hafermilch, Kakaopulver und Dinkelflocken. Stellen Sie die Mischung dann über Nacht in den Kühlschrank.

2. Hacken Sie am nächsten Morgen die Pistazienkerne grob und vierteln die gewaschene Feige. Waschen Sie auch die Minze, schütteln diese trocken und zupfen die Blätter ab.

3. Geben Sie die Overnight-Oats in ein Schälchen und verteilen die Feige sowie Minzblätter darauf. Bestreuen Sie das Frühstück abschließend mit Feigen, Kakaonibs und den gehackten Pistazienkernen.

HERZHAFTES MÜSLI

Nährwerte: 225 kcal, 65 mg Magnesium, 5 g Fett,
31 g Kohlenhydrate, 12 g Eiweiß

Zutaten für 2 Portionen:

250 g Joghurt
2 Frühlingszwiebeln
75 g Dinkelflocken
1 TL grüne Pfefferkörner
40 g Mungbohnen- und Alfalfasprossen
1 Prise grobes Meersalz

Zubereitung:

1. Vermengen Sie den Joghurt gut mit den Dinkelflocken und lassen diese für 30 Minuten quellen.

2. In der Zwischenzeit werden die Frühlingszwiebeln gewaschen, geputzt und in Ringe geschnitten. Waschen Sie die Sprossen mit heißem Wasser ab und schütteln diese dann trocken. Zerstoßen Sie außerdem den Pfeffer in einem Mörser grob.

3. Rühren Sie die restlichen Zutaten unter das Müsli und bestreuen dieses bei Bedarf mit etwas grobem Meersalz.

DINKELVOLLKORNBROT

Nährwerte: 143 kcal, 46 mg Magnesium, 6 g Fett, 16 g Kohlenhydrate, 7 g Eiweiß

Zutaten für 1 Brot:

- *1 Hefewürfel*
- *4 EL Apfelessig*
- *1 TL Salz*
- *500 g Dinkel-Vollkornmehl*
- *20 g Kürbiskerne*
- *130 g gemischte Kerne und Nüsse*
- *1 TL Butter*

Zubereitung:

1. Lösen Sie die Hefe in lauwarmem Wasser auf, geben Essig und Salz hinzu und rühren so lange um, bis alle Zutaten aufgelöst sind.

2. Vermengen Sie das Mehl in einer Schüssel mit der Nussmischung. Gießen Sie dann das Hefewasser hinzu und vermengen die Masse mit dem Knethaken zu einem glatten Teig. Der Teig ist feucht und etwas klebrig.

3. Streichen Sie eine Kastenform mit Butter aus und füllen den Teig ein. Decken Sie diesen dann mit einem feuchten Küchentuch ab und lassen diesen an einem zugfreien und warmen Ort für 20 Minuten gehen.

4. In der Zwischenzeit kann der Backofen auf 200 °C Umluft vorgeheizt werden. Sobald die Teigoberfläche damit beginnt, sich leicht nach oben zu wölben, können Sie das Brot mit Kürbiskernen bestreuen und für eine Stunde backen. Um herauszufinden, ob das Brot fertig ist, können Sie die Klopfprobe anwenden. Klopfen Sie mit den Fingerknöcheln auf das Brot und es klingt hohl, ist es fertig.

SCHOKOBRÖTCHEN

Nährwerte: 261 kcal, 45 mg Magnesium, 9 g Fett, 34 g Kohlenhydrate, 11 g Eiweiß

Zutaten für 6 Brötchen:

100 g Dinkel-Vollkornmehl

1 TL Backpulver

100 g Dinkelmehl und etwas Mehl zum Bearbeiten

1 Prise Salz

2,5 EL Rapsöl

34 g Rohrzucker

1 Ei

170 g Magerquark

3 EL Sojadrink

67 g Schoko-Drops (Zartbitter)

Zubereitung:

1. Vermischen Sie Salz, Backpulver und Zucker in einer Schüssel, geben dann Quark, Rapsöl, Ei und Sojadrink hinzu und verarbeiten alles mit einem Knethaken zu einem glatten Teig.

2. Heizen Sie den Backofen auf 180 °C Umluft vor. Vermengen Sie daraufhin die Schokodrops mit dem Teig. Legen Sie ein Backblech mit Backpapier aus, formen 6 runde Brötchen aus dem Teig und legen diese auf das Backblech.

3. Bepinseln Sie die Schokobrötchen abwechselnd noch mit ein wenig Sojadrink und backen diese für 12 bis 15 Minuten aus.

LACHSWAFFELN

Nährwerte: 236 kcal, 73 mg Magnesium, 10 g Fett, 24 g Kohlenhydrate, 15 g Eiweiß

Zutaten für 4 Portionen:

3 mehligkochende Kartoffeln
½ Bund Dill
Salz
½ Bund Petersilie
½ Salatgurke
1 Bund Rucola
½ Fenchelknolle
Pfeffer
½ rote Zwiebel
Saft und Schale von ¼ Zitrone
100 g Weizenvollkornmehl
½ TL Olivenöl
1 Ei
¾ TL Backpulver
1 EL Rapsöl
125 g Räucherlachs
125 ml Milch

Zubereitung:

1. Waschen Sie die Kartoffeln und garen diese für 25 bis 30 Minuten in kochendem Salzwasser gar. Währenddessen können alle Kräuter gewaschen, trocken geschüttelt und klein gehackt werden. Waschen Sie ebenso die Gurke, schälen diese mit einem Sparschäler und schneiden sie dann in feine Streifen. Legen Sie das wässrige Innere der Gurke beiseite.

2. Putzen, waschen und halbieren Sie den Fenchel. Schneiden Sie dann den Strunk heraus und hobeln die Knolle in feine Scheiben. Schälen Sie zudem die Zwiebel und schneiden diese in ebenso feine Ringe. Vermengen Sie nun Fenchel, Gurke, Petersilie und Zwiebel mit Pfeffer, Salz, Olivenöl und Zitronensaft in einer Schüssel.

3. Gießen Sie die Kartoffeln ab, lassen diese für 5 Minuten ausdampfen, pellen Sie sie dann und drücken die 3 Kartoffeln durch die Kartoffelpresse. Mischen Sie nun zuerst das Mehl mit Backpulver, Eiern, Salz, Dill, Rapsöl, Milch und Zitronenschale und rühren alles miteinander glatt. Heben Sie erst dann die Kartoffeln unter.

4. Heizen Sie jetzt ein beschichtetes Waffeleisen an, geben immer jeweils 2 bis 3 EL Teig hinein und backen den Teig nacheinander zu goldbraunen Waffeln aus. Garnieren Sie die Waffeln abschließend mit dem Fenchel-Gurken-Salat, Lachsscheiben und Rucola.

GRÜNE PFANNKUCHEN MIT ERDBEERSOßE

Nährwerte: 339 kcal, 85 mg Magnesium, 11 g Fett, 40 g Kohlenhydrate, 14 g Eiweiß

Zutaten für 2 Portionen:

- *50 g Baby-Spinat*
- *1 TL Honig*
- *75 g Dinkel-Vollkornmehl*
- *½ Msp. Vanillemark*
- *1 Prise Jodsalz*
- *1,5 Eier*
- *125 ml Milch*
- *200 g Erdbeeren*
- *1 TL Zitronensaft*
- *1 EL Agavendicksaft*
- *1 EL Rapsöl*
- *½ TL Backpulver*

Zubereitung:

1. Waschen Sie den Spinat, schleudern diesen trocken und pürieren ihn dann ganz fein. Mischen Sie nun

Honig mit Mehl, Salz und Vanillemark. Verquirlen Sie separat Eier, Milch und Spinat und geben dies zu der Mehlmischung, um dann alles gemeinsam zu einem glatten Teig zu verrühren.

2. Lassen Sie den Teig für 20 Minuten quellen. Währenddessen können die Erdbeeren gewaschen, geputzt und in Stücke geschnitten werden. Pürieren Sie die Erdbeeren dann zusammen mit Zitronen- und Agavendicksaft fein.

3. Geben Sie nach der Quellzeit das Backpulver zum Teig und rühren dieses gut unter. Erhitzen Sie etwas Öl in einer Pfanne und backen immer jeweils 4 Teigkleckse für je eine Minute von beiden Seiten goldbraun an. Beträufeln Sie die Pfannkuchen abschließend mit der Erdbeersoße.

QUARK-SESAM-BRÖTCHEN

Nährwerte: 149 kcal, 31 mg Magnesium, 6 g Fett, 16 g Kohlenhydrate, 8 g Eiweiß

Zutaten für 6 Brötchen:

15 g Butter
½ Ei
125 g Quark
½ TL Salz
½ Päckchen Backpulver
125 g Dinkel-Vollkornmehl
2 EL Sesam
1 EL Milch

Zubereitung:

1. Schmelzen Sie die Butter in einem Topf und lassen diese dann abkühlen. Rühren Sie Ei, Salz, Quark und Butter mit einem Handrührgerät glatt.

2. Vermischen Sie zunächst das Mehl mit dem Backpulver. Arbeiten Sie das Mehl dann mit Knethaken unter die Quarkmasse unter. Kneten Sie den Teig

daraufhin auf eine bemehlten Arbeitsfläche für 3 Minuten mit beiden Händen gut durch.

3. Lassen Sie den Teig nun zugedeckt für 10 Minuten ruhen und formen diesen dann zu einer Rolle. Schneiden Sie die Rolle in 6 gleich große Stücke und rollen diese mit den Händen zu Kugeln. Legen Sie die Kugeln auf ein mit Backpapier belegtes Backblech, ritzen diese kreuzweise ein, streichen dann mit Milch drüber und bestreuen die Brötchen mit Sesam.

4. Nun müssen die Brötchen für weitere 10 Minuten ruhen. Heizen Sie in der Zwischenzeit den Backofen auf 200 °C Umluft vor. Schieben Sie ein tiefes, mit 250 ml Wasser gefülltes Backblech auf die untere Schiene und das Backblech mit den Brötchen auf die mittlere Schiene. Backen Sie die Brötchen dann für 25 Minuten goldbraun fertig und lassen diese vor dem Verzehr auf einem Backofenrost auskühlen.

SANDWICH MIT ZIEGENKÄSE

Nährwerte: 281 kcal, 45 mg Magnesium, 14 g Fett, 23 g Kohlenhydrate, 15 g Eiweiß

Zutaten für 1 Portion:

½ EL Preiselbeeren aus dem Glas
¼ Chicorée
1 TL Dijonsenf
2 Blätter Friséesalat
2 Scheiben Ziegengouda
2 Scheiben Vollkorntoast

Zubereitung:

1. Verrühren Sie den Dijonsenf mit den Preiselbeeren. Putzen, waschen und schleudern Sie beide Salatsorten trocken und zupfen die Salate in mundgerechte Stücke.

2. Bestreichen Sie eine Brotseite mit dem Preiselbeersenf, legen dann die Salatblätter darauf und belegen den Toast mit Käse.

3. Bestreichen Sie die andere Toasthälfte mit dem restlichen Senf und legen diese als Deckel auf das Sandwich.

FRUCHTIGER AMARANT-RIEGEL

Nährwerte: 95 kcal, 15 mg Magnesium, 3 g Fett, 15 g Kohlenhydrate, 1 g Eiweiß

Zutaten für 10 Riegel:

50 g getrocknete Ananas

50 g flüssiger Honig

1 EL Butter

¼ Limette

1 EL Vollrohrzucker

25 g Amarant-Pops

50 g Haferflocken

2 EL gehackte Mandelkerne

Zubereitung:

1. Schneiden Sie die Ananas in kleine Würfel. Kochen Sie Zucker, Butter und Honig auf und pressen die Limette aus.

2. Heizen Sie den Backofen auf 130 °C Umluft vor. Verrühren Sie nun den Limettensaft mit Haferflocken,

Mandeln, Ananaswürfeln und Amarant mit der Butter-mischung.

3. Legen Sie ein Backblech mit Backpapier aus und ver-teilen die Masse 2 cm dick mit einem angefeuchteten Gummispachtel auf dem Backblech. Backen Sie die Masse im Backofen auf der mittleren Schiene für 15 bis 18 Minuten aus und schneiden die noch warme Masse in Riegel. Lassen Sie die Riegel dann auf einem Arbeits-brett auskühlen.

GEFÜLLTE AVOCADO

Nährwerte: 296 kcal, 26 mg Magnesium, 23 g Fett, 6 g Kohlenhydrate, 16 g Eiweiß

Zutaten für 2 Portionen:

1 Avocado

Salz

1 TL Olivenöl

Pfeffer

75 g Räucherlachs

¼ rote Zwiebel

2 Eier

1 Stiel Petersilie

Zubereitung:

1. Waschen Sie die Avocado, tupfen diese trocken und halbieren sie. Entfernen Sie dann den Kern und bestreichen die Schnittflächen mit ein wenig Öl. Vergrößern Sie die Mulden dann etwas mit einem großen Löffel und verwenden das herausgelöste Fruchtfleisch gegebenenfalls anderweitig.

2. Heizen Sie den Backofen auf 180 °C Umluft vor. Setzen Sie die Avocadohälften in eine gefettete Form und

salzen sowie pfeffern diese. Kleiden Sie beide Mulden dann mit je einer Scheibe Räucherlachs aus und lassen je ein Ei hineingleiten.

3. Backen Sie die Avocados im vorgeheizten Backofen für 20 Minuten. Das Eiweiß sollte dann vollständig gestockt sein.

4. Während der Backzeit kann die Zwiebel geschält und in Streifen geschnitten werden. Waschen Sie auch die Petersilie, schütteln diese trocken und schneiden sie ebenfalls in Streifen.

5. Nehmen Sie die Avocados nun aus dem Ofen, würzen mit Pfeffer nach und richten die Hälften abschließend mit Petersilien- und Zwiebelstreifen an.

SÜßE QUARK-MUFFINS

Nährwerte: 152 kcal, 12 mg Magnesium, 6 g Fett, 17 g Kohlenhydrate, 7 g Eiweiß

Zutaten für 6 Muffins:

1 reife Banane
150 g Magerquark
½ Ei
38 g Butter
75 g Weizenmehl
½ Bio-Orange
1 TL Backpulver
25 g Vollkorngrieß
Puderzucker zum Bestreuen

Zubereitung:

1. Das Rezept mag vielleicht eher als Dessert daherkommen, ist aber lang sättigend und kann bei einem stressigen Morgen auch einfach mal schnell mitgenommen werden. Schälen Sie die Banane und zerstampfen diese mit einer Gabel. Vermischen Sie das Bananenmus dann mit Butter, Quark und Ei.

2. Waschen Sie die Orange heiß ab, reiben diese trocken, reiben dann die Schale ab und pressen den Saft aus. Geben Sie Schale und Saft einer halben Orange mit zum Teig und verrühren diesen dann. Rühren Sie erst danach zügig das Mehl mit dem Backpulver unter den Teig.

3. Heizen Sie den Backofen auf 160 °C Umluft vor. Setzen Sie Papierbackförmchen in die Mulden eines Muffinblechs und füllen verteilen den Teig dann gleichmäßig auf die Förmchen.

4. Backen Sie die Muffins für 30 bis 35 Minuten aus und bestreuen diese nach dem Abkühlen mit Puderzucker.

AVOCADO MIT LACHS UND EI

Nährwerte: 777 kcal, 5 g Kohlenhydrate, 68 g Fett, 29 g Eiweiß

Zutaten:

2 Eier
1 Avocado
75 g Räucherlachs
1 TL Olivenöl
¼ Zwiebel
1 Stiel Petersilie
Salz und Pfeffer

Zubereitung:

1. Halbieren und entkernen Sie die Avocado. Höhlen Sie sie dann noch etwas mehr aus, bevor Sie die Schnittflächen dann mit etwas Öl bestreichen.

2. Legen Sie die Avocado-Hälften nebeneinander in eine eingefettete Form, pfeffern und salzen Sie sie etwas. Dann legen Sie eine Lachsscheibe in die Aushöhlung und lassen je ein Ei hineingleiten. Backen Sie die

Avocado-Hälften dann bei 200 Grad Ober-/Unterhitze ca. 20 Minuten lang.

3. Schneiden Sie die Zwiebel und die Petersilie in Streifen.

4. Nehmen Sie die Avocado aus dem Backofen, würzen Sie nochmal mit etwas Pfeffer nach und richten Sie sie mit Petersilie und Zwiebeln garniert an.

Mittagstisch

PENNE MIT PIKANTER PAPRIKA-SOßE

Nährwerte: 524 kcal, 137 mg Magnesium, 17 g Fett, 68 g Kohlenhydrate, 19 g Eiweiß

Zutaten für 1 Portion:

- ½ Zwiebel
- ½ Knoblauchzehe
- ½ rote Paprikaschote
- ½ getrocknete kleine Chilischote
- 125 g Pizzatomaten
- 1 EL Olivenöl
- ½ EL Rosinen
- Pfeffer
- Salz
- Zucker
- 1 Stiel Basilikum
- 1 Msp. gemahlener Zimt
- 2 EL geraspelter ital. Hartkäse
- 90 g Vollkorn-Penne

Zubereitung:

1. Würfeln Sie Knoblauch und Zwiebeln fein und hacken die getrocknete Chilischote klein. Putzen Sie zudem die Paprikaschote und würfeln diese auch fein.

2. Dünsten Sie Knoblauch, Chili und Zwiebel für 2 Minuten mit etwas Olivenöl an. Geben Sie dann die Paprikawürfel hinzu und dünsten diese für weitere 3 Minuten mit. Daraufhin können die Pizzatomaten sowie Rosinen hinzu, um die gesamte Mischung dann für weitere 5 Minuten zu kochen. Schmecken Sie die Soße mit etwas Zucker, Pfeffer, Salz, Zimtpulver und grob gezupften Basilikumblättern ab.

3. Kochen Sie die Vollkorn-Penne in ausreichend Salzwasser nach Packungsanweisung. Gießen Sie die Nudeln dann ab und geben diese aber noch tropfnass zu der Soße und vermischen alles gut. Füllen Sie das Gericht in tiefe Teller und bestreuen es abschließend mit dem italienischen Hartkäse.

RUMPSTEAKS MIT SALSA AUS AVOCADO

Nährwerte: 551 kcal, 75 mg Magnesium, 28 g Fett, 25 g Kohlenhydrate, 49 g Eiweiß

Zutaten für 2 Portionen:

2 Rumpsteaks à 200 g
½ TL rosenscharfes Paprikapulver
½ TL Koriandersaat
Salz
1 EL Öl

Salsa:

½ Bio-Limette
½ Knoblauchzehe
½ rote Zwiebel
½ rote Chilischote
1 reife Avocado
Alufolie
Salz

Zubereitung:

1. Schneiden Sie den Fettrand von den Steaks mehrfach ein. Zerstoßen Sie den Koriander in einem Mörser und

mischen diesen dann mit dem Öl und dem Paprikapulver. Bestreichen Sie die Steaks mit dieser Mischung rundum und stellen Sie sie zunächst abgedeckt beiseite.

2. Um die Salsa zu machen, können Sie als Erstes die Limette heiß abwaschen, abtrocknen und dann ungefähr 2 TL Schale abreiben. Pressen Sie außerdem den Limettensaft aus. Würfeln Sie nun die Zwiebeln fein und hacken den Knoblauch ebenso fein. Halbieren Sie dann die Chilischote längs, entkernen diese und hacken das Fruchtfleisch dann auch fein. Halbieren und entkernen Sie die Avocado. Heben Sie nun das Fruchtfleisch mit einem großen Löffel aus der Schale und schneiden dieses in möglichst kleine Würfel. Vermischen Sie daraufhin die Avocadowürfel mit 2 bis 3 EL Limettensaft, Zwiebel, Limettenschale, Knoblauch, Salz und Chili.

3. Erhitzen Sie eine Grillpfanne und grillen die beiden Steaks mit einem halben EL heißem Öl auf jeder Seite für 2 Minuten. Nach dem Wenden kann das Steak gesalzen werden. Wickeln Sie die Steaks dann separat in Alufolie und lassen diese für 5 Minuten ruhen. Abschließend können die Steaks zusammen mit der Salsa angerichtet werden.

NUDELN IN SUGO AUS MÖHREN

Nährwerte: 754 kcal, 224 mg Magnesium, 40 g Fett, 70 g Kohlenhydrate, 22 g Eiweiß

Zutaten für 1 Portion:

100 g Möhren
8 g frischer Ingwer
½ kleine Zwiebel
25 g Erdnusskerne
1 EL Öl
½ Bio-Limette
100 ml Kokosmilch
100 g Vollkorn-Spaghetti
5 Stiele Kerbel
Salz
Pfeffer

Zubereitung:

1. Schälen Sie die Möhren und schneiden diese dann in 1 cm dicke Stücke. Würfeln Sie außerdem die Zwiebel fein. Schälen Sie den Ingwer und hacken diesen sowie

den Knoblauch fein. Zerkleinern Sie die gerösteten und gesalzenen Erdnusskerne genauso.

2. Erhitzen Sie nun Öl in einem Topf und braten zunächst die Zwiebeln bei mittlerer Hitze glasig an. Geben Sie dann Ingwer, Knoblauch und Möhren hinzu und braten alles kurz mit. Rühren Sie nun die Hälfte der gehackten Erdnüsse unter.

3. Geben Sie jetzt die Kokosmilch in den Topf, lassen diese zugedeckt aufkochen und köcheln die Mischung dann für 12 bis 15 Minuten bei mittlerer Hitze, bis die Möhren weich sind. Währenddessen können die Spaghetti in ausreichend Salzwasser und nach Packungsanweisung gekocht werden.

4. Waschen Sie die Limette heiß ab, tupfen diese dann trocken und reiben 1 TL Schale fein ab. Pressen Sie ebenso 1 EL Limettensaft aus und hacken die Kerbel-Stiele fein. Nun kann die Möhrensoße püriert und bei Bedarf mit etwas Nudelwasser gestreckt werden. Schmecken Sie diese dann mit Pfeffer, Limettenschale, Salz und Limettensaft ab.

5. Gießen Sie abschließend die Nudeln ab, lassen diese kurz abtropfen und richten sie mit der Soße an.

Bestreuen Sie das Gericht zuletzt mit den restlichen Erdnüssen und dem Kerbel.

THUNFISCH MIT ASIATISCHEM PESTO UND PORTULAK

Nährwerte: 711 kcal, 120 mg Magnesium, 58 g Fett, 18 g Kohlenhydrate, 26 g Eiweiß

Zutaten für 2 Portionen:
Pesto:

- *10 g frischer Ingwer*
- *1,5 TL Sesamöl (geröstet)*
- *½ Knoblauchzehe*
- *10 g glatte Petersilie*
- *½ grüne Chilischote*
- *25 g Koriandergrün*
- *3,5 EL Gemüsefond*
- *½ Bio-Limette*

Salat:

- *½ Bund Portulak*
- *100 g Thunfischfilet in Sushi-Qualität*
- *1 Baby-Ananas*
- *½ rote Pfefferschote*
- *½ EL Rohrzucker*
- *Pfeffer*

Salz

1,5 EL Olivenöl

15 g ungesalzene Erdnusskerne

4 EL Sesamöl

4 EL Olivenöl

Pfeffer

Salz

Zubereitung:

1. Schälen und würfeln Sie den Ingwer sehr fein. Hacken Sie den Knoblauch ebenso fein. Erhitzen Sie das geröstete Sesamöl und dünsten beides kurz darin an. Lassen Sie die Komponenten für das Pesto dann abkühlen. Halbieren Sie den Chili nun längs, entkernen diesen und schneiden das Fruchtfleisch dann klein. Entfernen Sie die Stiele der Kräuter und hacken die Blätter fein. Spülen Sie die Limette heiß ab und reiben die Hälfte der Schale ab. Pressen Sie außerdem den Limettensaft aus. Vermixen Sie nun alle vorbereiteten Zutaten mit den Erdnüssen, Gemüsefond, Sesam- und Olivenöl sowie Pfeffer und Salz zu einem glatten Pesto.

2. Putzen Sie nun den Portulak, waschen und schleudern diesen trocken. Halbieren Sie die Pfefferschote längs, entkernen diese und schneiden sie dann in feine Streifen. Entfernen Sie die Ananasschale großzügig,

trennen das Fruchtfleisch vom Strunk und schneiden dieses in circa 5 mm große Würfel.

3. Braten Sie die Ananaswürfel bei starker Hitze in einer beschichteten Pfanne so lange an, bis diese leicht braun und fast ganz trocken sind. Der Vorgang wird ungefähr 5 Minuten dauern. Geben Sie dann Pfefferschote und Rohrzucker hinzu und braten alles so lange weiter, bis der Zucker sich vollständig aufgelöst hat. Lassen Sie die Mischung dann abkühlen.

4. Schneiden Sie das Thunfischfilet auf einem Schneidebrett nun in 2 gleich große Stücke und würzen beide Filets mit Salz und Pfeffer. Erhitzen Sie Olivenöl in einer beschichteten Pfanne und braten das Thunfischfilet darin von allen Seiten kurz an. Nun können die Filets mit dem Salat angerichtet werden. Abschließend bestreuen Sie das Gericht mit Ananaswürfeln und beträufeln dieses mit dem Pesto.

SAMTIGE SPINATSUPPE

*Nährwerte: 308 kcal, 40 mg Magnesium, 26 g Fett,
11 g Kohlenhydrate, 5 g Eiweiß*

Zutaten für 2 Portionen:

25 g Butter
500 ml Gemüsebrühe
20 g Mehl
100 g aufgetauter und ausgedrückter
TK-Blattspinat
Pfeffer
Salz
½ Spritzer Zitronensaft
½ Prise Muskat
½ Ei
2 EL Crème fraîche
50 ml Sahne

Zubereitung:

1. Schmelzen Sie die Butter in einem Topf, bestäuben diese dann mit Mehl und dünsten die Mischung bei mittlerer Hitze und unter Rühren für 2 Minuten an.

Gießen Sie dann unter Rühren die Gemüsebrühe zu, kochen alles einmal auf und lassen die Suppe dann für 20 Minuten kochen. Rühren Sie dabei zwischendurch immer wieder um.

2. Hacken Sie den Spinat und den Knoblauch grob klein und geben beides mit zur Suppe. Kochen Sie die Suppe nun erneut auf und pürieren diese mit einem Pürierstab so fein wie möglich. Schmecken Sie die Suppe nach dem Pürieren mit Salz, Muskat, Pfeffer und Zitronensaft ab.

3. Vermischen Sie das Eigelb mit der Sahne und salzen diese leicht. Gießen Sie die Mischung dann unter stetigem Rühren mit in die Suppe. Achten Sie hier darauf, dass die Suppe nicht mehr kocht, weil sonst das Ei gerinnt. Richten Sie die Suppe abschließend mit Crème fraîche an.

QUINOA-BLUMENKOHL-BOWL MIT FRUCHTIGEM KICK

Nährwerte: 570 kcal, 215 mg Magnesium, 30 g Fett, 54 g Kohlenhydrate, 17 g Eiweiß

Zutaten für 2 Portionen:

125 g Quinoa

50 g Ananas

100 g Blumenkohl

½ Avocado

½ Frühlingszwiebel

½ Granatapfel

50 g Tempeh

15 g Paranüsse

½ Limette

50 ml Ananassaft

200 ml Wasser

1 EL Sojasoße

1,5 EL Kokosöl

1 TL Salz

Alfalfasprossen zum Dekorieren

Zubereitung:

1. Lassen Sie zuerst die Quinoa mit Ananassaft, Wasser und Salz für 30 Minuten in einem Topf köcheln. Heizen Sie in der Zwischenzeit den Backofen auf 200 °C Ober- und Unterhitze vor.

2. Schälen Sie nun die Ananas und schneiden diese in feine Streifen. Trennen Sie daraufhin die Röschen vom Blumenkohl ab. Schneiden Sie die Frühlingszwiebel in Ringe, hacken die Paranüsse grob und entkernen den Granatapfel.

3. Schmelzen Sie das Kokosöl, geben den Blumenkohl in eine Auflaufform und übergießen diesen mit dem Öl. Rösten Sie den Blumenkohl dann für ungefähr 30 Minuten im Ofen an, aber mindestens so lange, bis eine goldbraune Färbung entsteht. Erhitzen Sie nun etwas Kokosöl in einer Pfanne und braten Tempeh darin scharf an. Löschen Sie mit Sojasoße ab und stellen die Pfanne zunächst beiseite. Rösten Sie in einer anderen Pfanne die Paranüsse ohne Öl an und stellen diese zur Seite.

4. Wenn die Quinoa fertig gekocht ist, können Frühlingszwiebel, Ananas, Granatapfel, Tempeh und

Paranüsse untergehoben werden. Geben Sie dann auch den Blumenkohl hinzu und schmecken die Mischung mit Salz und Limettensaft ab.

5. Erhitzen Sie Öl in einer Pfanne, vierteln die Avocado und braten die Viertel von beiden Seiten bei niedriger Temperatur an. Salzen Sie die gebratenen Spalten und richten diese zusammen mit der Quinoa-Mischung in einer Bowl an. Dekorieren Sie das Gericht abschließend mit Sprossen.

BUTTERNUSS-KÜRBIS MIT FÜLLUNG

Nährwerte: 633 kcal, 241 mg Magnesium, 3,5 g Fett, 128 g Kohlenhydrate, 20 g Eiweiß

Zutaten für 2 Portionen:

- 1 Butternusskürbis
- ½ große Zucchini
- 250 g Wildreis
- 1 Spritzer Balsamicoessig
- 1 Prise Pfeffer
- 1 TL Salz

Dip:

- 200 g Joghurt
- Schale von ½ Zitrone
- 1 TL Olivenöl
- Salz
- Pfeffer

Zubereitung:

1. Waschen und halbieren Sie die Kürbisse und höhlen diese mit einem Löffel aus. Schneiden Sie mit einem

Messer eine längliche Kuhle in den länglichen Teil des Kürbisses und nehmen das Fruchtfleisch heraus. Bestreichen Sie die offenen Kürbishälften dann mit etwas Öl, salzen diese und backen sie für 30 Minuten bei 180 °C Umluft im Ofen durch.

2. In der Zwischenzeit können Sie den Wildreis, wie auf der Packung beschrieben, zubereiten. Schneiden Sie die Kürbisreste und die Zucchini in kleine Würfel, braten beides zusammen in einer Pfanne mit Pfeffer und Salz an und löschen dann mit einem Spritzer Balsamico ab. Geben Sie nun den Reis mit in die Pfanne und vermischen alles.

3. Mischen Sie für den Dip den Joghurt mit Zitronenabrieb, Olivenöl, Pfeffer und Salz. Befüllen Sie den gebackenen Kürbis dann mit dem Gemüsereis und garnieren beide Hälften abschließend mit dem Dip.

PAPRIKA-MAIS-AUFLAUF

Nährwerte: 357 kcal, 47 mg Magnesium, 17 g Fett, 32 g Kohlenhydrate, 15 g Eiweiß

Zutaten für 1 Auflauf:

550 g Mais aus der Dose (Abtropfgewicht)

3 Knoblauchzehen

2 Zwiebeln

2 rote Paprikaschoten

½ Bund Koriander

1 grüne Paprikaschote

4 EL Olivenöl

3 EL Dinkelmehl Type 1050

Salz

4 Eier

1 Msp. Cayennepfeffer

1 Msp. Chilipulver

1 Msp. gemahlener Kreuzkümmel

Zubereitung:

1. Lassen Sie den Mais in einem Sieb abtropfen und würfeln Sie Zwiebeln und Knoblauch. Halbieren, entkernen und waschen Sie die Paprika und schneiden

diese dann in kleine Würfel. Waschen und schütteln Sie ebenso den Koriander trocken und hacken diesen mitsamt den Stielen grob.

2. Heizen Sie den Backofen auf 180 °C Umluft vor. Streichen Sie eine Auflaufform mit etwas Olivenöl aus und erhitzen das restliche Öl in einer beschichteten Pfanne. Dünsten Sie dann Knoblauch, Zwiebeln und Paprika für 5 Minuten bei mittlerer Hitze an. Würzen Sie das Gemüse mit Salz und mischen den Koriander unter, nachdem das Gemüse etwas abgekühlt ist. Pürieren Sie nun den Mais in einem hohen Gefäß mit einem Pürierstab sehr fein.

3. Vermischen Sie das Maispüree mit Mehl und Ei gründlich in einer Schüssel und heben dann die Gemüsemischung unter. Würzen Sie mit Cayennepfeffer, Salz, Chilipulver und Kreuzkümmel. Geben Sie die Mischung nun in die gefettete Auflaufform, streichen einmal die Oberfläche glatt und backen den Auflauf dann für 45 Minuten bei 180 °C Umluft im Ofen aus.

PILAW MIT ZWIEBELN UND SPIEGELEIERN

Nährwerte: 485 kcal, 115 mg Magnesium, 14 g Fett, 68 g Kohlenhydrate, 18 g Eiweiß

Zutaten für 2 Portionen:

50 g Beluga-Linsen

1 Knoblauchzehe

150 g Zwiebeln

2 EL Olivenöl

1 Zimtstange

1 Lorbeerblatt

½ TL Kreuzkümmelsamen

½ TL gemahlener Kardamom

Salz

250 ml heiße Gemüsebrühe

1 TL Honig

2 Eier

125 g Basmati-Naturreis

2 Korianderstiele

Pfeffer

Zubereitung:

1. Spülen Sie die Linsen ab, bedecken diese mit Wasser und lassen sie über Nacht einweichen. Gießen Sie die Linsen am nächsten Tag ab, spülen diese zusätzlich ab und lassen sie dann gut abtropfen. Schneiden Sie außerdem die geschälten Zwiebeln in schmale Streifen. Hacken Sie den geschälten Knoblauch fein.

2. Erhitzen Sie 1 EL Olivenöl in einem Topf und dünsten Zwiebeln sowie Knoblauch für 5 Minuten an. Geben Sie dann Zimtstange, Lorbeerblatt, Kreuzkümmel, Kardamom, Honig und Salz hinzu und lassen alles bei mittlerer Hitze karamellisieren. Geben Sie erst dann 50 ml Gemüsebrühe hinzu und lassen die Menge fast komplett einkochen. Stellen Sie von dieser Zwiebelmischung dann eine kleine Menge zum Anrichten beiseite. Mischen Sie die restlichen Zwiebeln unter den Reis und die Linsen und dünsten Sie alles für 3 Minuten an. Gießen Sie nun die restliche Brühe hinzu und lassen alles für 20 bis 25 Minuten garen.

3. Nehmen Sie dann den Deckel ab und garen den Pilaw für weitere 10 Minuten, also so, dass er körnig ist. Entfernen Sie daraufhin die Zimtstange und das Lorbeerblatt. Erhitzen Sie Öl in einer Pfanne und braten die Spiegeleier. Zupfen Sie die gewaschenen Blättchen

vom Koriander ab. Schmecken Sie den Pilaw mit Pfeffer und Salz ab, richten die Spiegeleier mit der übrigen Zwiebelmischung an und bestreuen das Gericht abschließend mit Korianderblättchen.

REISSALAT MIT BLUMENKOHL UND ERBSEN

Nährwerte: 249 kcal, 79 mg Magnesium, 17 g Fett, 15 g Kohlenhydrate, 9 g Eiweiß

Zutaten für 2 Portionen:

- *½ Stück Ingwer*
- *½ Zwiebel*
- *½ Knoblauchzehe*
- *½ rote Chilischote*
- *1,5 Frühlingszwiebeln*
- *1 TL Kokosöl*
- *150 g Erbsen*
- *250 g Blumenkohl*
- *1 TL Olivenöl*
- *2 EL Sesamöl (kalt gepresst)*
- *Pfeffer*
- *Salz*
- *Sojasoße*
- *Koriander nach Belieben*
- *½ Limette*

Zubereitung:

1. Teilen Sie den Blumenkohl in größere Röschen und legen ein Viertel der Röschen beiseite. Zerkleinern Sie den restlichen Blumenkohl mit einer Küchenmaschine, sodass ungefähr Reiskorn-große Stücke entstehen.

2. Braten Sie dann den Blumenkohlreis mit Olivenöl in einer erhitzten Pfanne für 5 Minuten hellbraun an. Hacken Sie Knoblauch, Chili und Ingwer fein und vierteln die Zwiebel. Schneiden Sie außerdem die Frühlingszwiebeln in feine Ringe

3. Erwärmen Sie das Kokosöl in einer Pfanne und braten Chili sowie Knoblauch kurz darin an. Fügen Sie dann die restlichen Blumenkohlröschen, Zwiebeln, Ingwer und Erbsen hinzu. Schwitzen Sie alles zusammen nur kurz an, damit eine gewisse Bissfestigkeit erhalten bleibt.

4. Heben Sie dann den Blumenkohlreis unter das Gemüse und braten alles mit etwas Sesamöl weiter. Fügen Sie erst zum Schluss die Frühlingszwiebeln hinzu.

5. Abschließend können Sie das Gericht mit Sojasoße, Pfeffer, Salz, Limettensaft und Koriander abschmecken.

FRUCHTIGE GEBRATENE ENTE

Nährwerte: 613 kcal, 85 mg Magnesium, 31 g Fett, 15 g Kohlenhydrate, 68 g Eiweiß

Zutaten für 4 Portionen:

- *1 säuerlicher Apfel*
- *1 Thymianzweig*
- *1 EL Zitronensaft*
- *1 Rosmarinzweig*
- *40 g gemahlene Mandelkerne*
- *4 Bio-Orangen*
- *½ TL gemahlener Piment*
- *Pfeffer*
- *Salz*
- *150 ml Geflügelfond aus dem Glas*
- *1 kg küchenfertige Ente*
- *1 EL Honig*

Zubereitung:

1. Waschen, schälen und vierteln Sie den Apfel. Entfernen Sie außerdem das Kerngehäuse und schneiden die

Äpfel dann in Würfel. Beträufeln Sie die Apfelwürfel mit Zitronensaft, damit diese nicht so schnell braun werden. Waschen und schütteln Sie beide Kräuterzweige trocken und zupfen die Blättchen von den Zweigen ab. Lösen Sie von einer Orange die Filets heraus und mischen diese unter die Apfelwürfel. Vermengen Sie daraufhin die gemahlenen Mandeln mit dem Piment und würzen mit Salz und Pfeffer nach.

2. Heizen Sie den Backofen auf 160 °C Umluft vor. Waschen Sie nun die Ente und tupfen diese trocken. Reiben Sie sie von innen und außen mit Salz sowie Pfeffer ein, befüllen die Ente und nähen die Bauchöffnung mit Küchengarn zu. Stechen Sie die Ente nun mit einem spitzen Gegenstand unter den Flügeln ein und legen Sie mit der Brustseite nach unten in einen Bräter. Gießen Sie 200 ml heißes Wasser an und garen die Ente für 1,5 Stunden im Ofen. Begießen Sie die Ente zwischendurch immer wieder mit Geflügelfond.

3. Schälen Sie 2 Orangen mit einem scharfen Messer und schneiden diese in Scheiben. Waschen Sie die übrige Orange heiß ab, entfernen die Zesten mit einem Zestenreißer und pressen den Orangensaft aus. Wenden Sie nun die Ente, geben Orangensaft,

Orangenscheiben und Orangenzesten hinzu und garen alles gemeinsam für weitere 30 Minuten. Vergessen Sie nicht, die Ente weiterhin immer wieder mit Fond zu begießen. So wird die Haut knusprig.

4. Legen Sie die Ente nach der Garzeit auf ein Rost, bestreichen sie mit Honig und lassen diese im ausgestellten Ofen noch für 15 Minuten ruhen. Nehmen Sie dann die Filets aus der Soße, entfetten die Soße und kochen diese auf. Die Soße können Sie nach Belieben abbinden. Richten Sie die Ente dann mit den Orangenscheiben und der Soße an.

KARTOFFEL-GRATIN MIT ZUCCHINI

Nährwerte: 207 kcal, 137 mg Magnesium, 11 g Fett, 21 g Kohlenhydrate, 7 g Eiweiß

Zutaten für 1 Tarteform:

- *2 kg Kartoffeln*
- *1 EL Butter*
- *2 Zucchini (800 g)*
- *300 ml Schlagsahne*
- *300 ml Milch*
- *3 EL gehackter Thymian*
- *2 Eier*
- *2 Knoblauchzehen*
- *Pfeffer*
- *Salz*
- *80 g geriebener Parmesan*
- *Muskat*

Zubereitung:

1. Schälen, waschen und schneiden Sie die Kartoffeln in Scheiben. Schneiden Sie die Zucchini nach dem

Waschen ebenfalls in Scheiben. Streichen Sie dann eine Tarteform mit der Butter aus und schichten Sie die Zucchini- und Kartoffelscheiben im Kreis abwechselnd ein. Bestreuen Sie jede Schicht mit ein bisschen Salz und Pfeffer.

2. Heizen Sie den Backofen auf 200 °C vor. Pressen Sie zwei Knoblauchzehen durch die Knoblauchpresse. Vermischen Sie den Knoblauch dann mit Ei, Sahne, Milch, Thymian, Pfeffer, Salz und Muskat. Gießen Sie die Mischung über das Gratin, bis alles leicht bedeckt ist. Bestreuen Sie das Gratin dann nur noch mit Parmesan und backen dieses für 35 bis 40 Minuten gar.

ZANDERFILET MIT KAKI UND WIRSING-GEMÜSE

Nährwerte: 141 kcal, 65 mg Magnesium, 4 g Fett, 9 g Kohlenhydrate, 17 g Eiweiß

Zutaten für 4 Portionen:

1 kg Wirsing (Wirsingkopf)

2 rote Zwiebeln

2 Kaki

10 g Sesamsamen

2 EL Olivenöl

100 ml Gemüsebrühe

Pfeffer

Jodsalz mit Fluorid

½ TL Kreuzkümmel

500 g Zanderfilets

½ TL Kurkumapulver

4 Rosmarinzweige

2 TL Zitronensaft

Chiliflocken

Zubereitung:

1. Schneiden Sie den gewaschenen und geputzten Wirsing in feine Streifen und den gewaschenen und geputzten Kaki in Stücke. Halbieren Sie die geschälte Zwiebel und schneiden diese ebenfalls in Streifen.

2. Erhitzen Sie etwas Öl in einer Pfanne und dünsten die Zwiebelstreifen bei mittlerer Hitze für 2 Minuten an. Geben Sie dann Kaki, Sesam und Wirsing hinzu und dünsten alle Komponenten für weitere 7 Minuten unter ständigem Rühren mit an. Dann können Sie mit Gemüsebrühe ablöschen und mit Kurkuma, Salz, Kreuzkümmel und Pfeffer würzen.

3. Spülen Sie die Zanderfilets ab und tupfen diese trocken. Waschen Sie außerdem den Rosmarin. Erhitzen Sie das restliche Öl in einer Pfanne und braten die Filets mit den Rosmarinzweigen für je 3 Minuten beidseitig bei mittlerer Hitze an. Schmecken Sie den Fisch mit Zitronensaft, Chiliflocken, Pfeffer und Salz ab und servieren diesen zusammen mit dem Gemüse.

KALBSFILET IN BASILIKUM MIT DUFTREIS VON MANGOLD

Nährwerte: 553 kcal, 118 mg Magnesium, 17 g Fett, 57 g Kohlenhydrate, 37 g Eiweiß

Zutaten für 2 Portionen:

1 Handvoll gemischte Kräuter

Salz

250 g Kalbsfilet

Pfeffer

150 ml heiße Gemüsebrühe

50 ml Weißwein

125 g ORYZA Selection Kamalis

1 EL Butter

½ Thymianzweig

½ Schalotte

1 TL Dinkel-Vollkornmehl

50 g Schlagsahne

75 ml Milch

Saft und Schale von einer halben Bio-Zitrone

1 TL Senf

20 g Basilikum

200 g bunter Mangold

Zubereitung:

1. Waschen und schütteln Sie die Kräuter trocken und legen diese auf einen Dämpfeinsatz. Spülen Sie das Kalbsfilet ab, tupfen es gut trocken und würzen es mit Pfeffer sowie Salz. Legen Sie das Filet dann auf das Kräuterbett und setzen es in einen Topf mit heißer Brühe und Weißwein. Dämpfen Sie das Filet für 30 Minuten zugedeckt rosa. Danach kann das Fleisch aus dem Einsatz genommen und in Folie eingewickelt werden. Lassen Sie das Filet dann zunächst ruhen.

2. In der Zwischenzeit können Sie die Butter in einem Topf erhitzen, den Reis hinzugeben und diesen unter ständigem Rühren andünsten. Dünsten Sie den Reis so lange, bis die Körner glasig sind. Fügen Sie dann 200 ml kochendes Salzwasser hinzu und kochen den Reis für 11 Minuten bei mittlerer Hitze und im geschlossenen Topf so lange, bis das ganze Wasser aufgenommen wurde.

3. In der Kochzeit kann der Mangold geputzt, gewaschen und abgetropft werden lassen. Schneiden Sie die Stiele ab, schneiden diese dann quer in breite Streifen und lassen Sie in einem Topf mit kochendem Salzwasser vorgaren. Gießen Sie die Stiele dann ab. Schneiden

Sie nun die Mangoldblätter in ungefähr 2 cm breite Streifen und dämpfen diese im Dämpfeinsatz über dem kochenden Wasser für 6 Minuten. Daraufhin können die Blätter mit Pfeffer und Salz gewürzt werden.

4. Für die Soße schälen und hacken Sie die Schalotte klein und zupfen die Blättchen vom gewaschenen Thymian ab. Erhitzen Sie die restliche Butter in einem kleinen Topf und dünsten die Schalotte glasig an. Bestäuben Sie diese dann mit Mehl, gießen unter Rühren Milch hinzu und lassen die Mehlschwitze für 4 Minuten und niedriger Hitze köcheln. Rühren Sie daraufhin Zitronensaft, Zitronenschale, Sahne, Thymianblättchen, Salz und Pfeffer unter.

5. Hacken Sie das gewaschene und trocken geschüttelte Basilikum fein. Nehmen Sie erst jetzt das Fleisch aus der Folie, bestreichen es rundherum mit Senf und wälzen es im gehackten Basilikum. Schneiden Sie die Filets dann mit einem scharfen Messen in 2 cm dicke Scheiben. Richten Sie abschließend alle Komponenten miteinander an und beträufeln das Gericht mit der Soße.

BURRATA MIT RAGOUT AUS TOMATEN UND KICHERERBSEN-REIS

Nährwerte: 526 kcal, 123 mg Magnesium, 16 g Fett, 72 g Kohlenhydrate, 21 g Eiweiß

Zutaten für 2 Portionen:

125 g Naturreis
400 g gemischte, bunte Tomaten
Jodsalz mit Fluorid
1 Knoblauchzehe
20 g Basilikum
200 g Kichererbsen aus der Dose (Abtropfgewicht)
1 EL Olivenöl
½ TL getrockneter Thymian
Paprikapulver
Pfeffer
Kreuzkümmelpulver
75 g Burrata

Zubereitung:

1. Kochen Sie den Reis mit 250 ml Salzwasser im geschlossenen Topf und niedriger Hitze für 8 bis 10

Minuten gar. Nehmen Sie den Topf anschließend vom Herd, lockern den Reis mit einer Gabel auf und lassen diesen für ein paar Minuten ziehen. Waschen Sie in der Zwischenzeit die Tomaten, halbieren diese und schneiden die Stielansätze heraus. Große Tomaten müssen eventuell zusätzlich geviertelt werden. Schneiden Sie den geschälten Knoblauch in feine Scheiben und dünsten diesen in einem Topf mit Öl bei mittlerer Hitze für 3 Minuten an. Geben Sie dann die Tomaten hinzu und köcheln diese für weitere 7 Minuten.

2. In der Zwischenzeit können die gewaschenen und trocken geschüttelten Basilikumblätter grob gehackt werden. Gießen Sie die Kichererbsen ab und verrühren diese nach dem Abtropfen dann mit dem übrigen Öl, Paprikapulver, Thymian und Kreuzkümmel. Rösten Sie die gewürzten Kichererbsen dann in einer heißen Pfanne für 4 Minuten an.

3. Vermischen Sie das Basilikum mit dem Tomaten-Ragout und schmecken dieses mit Salz und Pfeffer ab. Vermengen Sie dann den Reis mit den Kichererbsen und verteilen diesen auf die Teller. Geben Sie das Ragout darüber, zerrupfen die Burrata leicht und garnieren das Ragout damit.

MANGOLDPÄCKCHEN MIT FRISCHEM DIP

Nährwerte: 198 kcal, 42 mg Magnesium, 7 g Fett, 23 g Kohlenhydrate, 7 g Eiweiß

Zutaten für 2 Portionen:

4 große Mangoldblätter
1 Knoblauchzehe
Salz
150 g Joghurt
½ rote Chilischote
50 g Couscous
1 EL Olivenöl
175 ml heiße Gemüsebrühe
1 Prise gemahlener Zimt
Pfeffer
½ Bio-Zitrone

Zubereitung:

1. Waschen und putzen Sie die Mangoldblätter. Schneiden Sie die Stiele ab und würfeln diese sehr klein.

Blanchieren Sie die Blätter für eine Minute in kochendem Salzwasser, schrecken diese dann sofort ab und lassen sie abtropfen. Schälen Sie den Knoblauch und schneiden diesen zusammen mit der gewaschenen Chilischote in sehr kleine Würfel.

2. Erhitzen Sie Öl in einer Pfanne und dünsten Mangold-, Knoblauch- sowie Chiliwürfel für 2 Minuten bei mittlerer Hitze an. Geben Sie dann den Couscous hinzu und braten diesen für eine Minute. Nun kann die Brühe eingerührt werden, sodass der Couscous für 5 Minuten bei niedriger Hitze quellen kann. Ziehen Sie die Pfanne dann vom Herd und würzen den Couscous mit Zimt, Salz und Pfeffer.

3. Legen Sie die Mangoldblätter einzeln und ausgebreitet auf eine Arbeitsfläche, setzen jeweils einen gehäuften Esslöffel Füllung auf das untere Ende, schlagen die Ränder seitlich ein und rollen das Blatt dann auf. Bringen Sie in einem Topf mit Dämpfeinsatz eine Handbreit Wasser zum Kochen. Waschen Sie die Zitrone heiß ab und schneiden diese in Streifen. Legen Sie die Röllchen in den Einsatz, belegen diese mit Zitronenscheiben und lassen die Röllchen zugedeckt für 10 Minuten dämpfen.

4. In der Zwischenzeit kann der Joghurt für den Dip mit Pfeffer und Salz verrührt werden. Richten Sie die Röllchen dann abschließend mit dem Dip an.

Abendessen

SALAT MIT BULGUR

Nährwerte: 616 kcal, 66 mg Magnesium, 38 g Fett, 48 g Kohlenhydrate, 17 g Eiweiß

Zutaten für 1 Portion:

Salz

60 g Bulgur

1 EL Weißweinessig

50 g Baby-Spinat

½ TL Zucker

1 EL gehackte glatte Petersilie

Pfeffer

3 EL Olivenöl

40 g Bacon

100 g Kräuterseitlinge

Zubereitung:

1. Kochen Sie 125 ml Salzwasser auf und rühren den Bulgur dann ein. Lassen Sie den Bulgur dann zugedeckt für 10 Minuten bei niedriger Hitze garen und danach vollständig abkühlen.

2. Waschen und schleudern sie den Spinat trocken. Verrühren Sie 1 EL Wasser, Weißweinessig, Salz,

Zucker und Pfeffer miteinander. Rühren Sie erst dann das Olivenöl und die glatte gehackte Petersilie unter. Putzen Sie nun die Kräuterseitlinge und halbieren diese bei Bedarf.

3. Erhitzen Sie etwas Öl in einer beschichteten Pfanne und braten die Baconscheiben für jeweils 3 Minuten von beiden Seiten knusprig an. Nehmen Sie den Bacon dann aus der Pfanne, geben wieder etwas neues Öl hinzu und braten die Pilze im Bratfett bei starker Hitze und rundherum für 5 Minuten an. Schmecken Sie diese dann mit Salz und Pfeffer ab.

4. Vermischen Sie nun den Bulgur mit Spinat, Petersilien-Vinaigrette und den Pilzen. Garnieren Sie den Salat abschließend mit groben Stücken vom Bacon.

KNUSPRIGES SANDWICH MIT TEMPEH

Nährwerte: 265 kcal, 89 mg Magnesium, 10 g Fett, 16 g Kohlenhydrate, 22 g Eiweiß

Zutaten für 2 Portionen:

4 Scheiben Eiweiß-Toast
2 große Salatblätter
60 g Tempeh
4 EL Hummus
0,2 Salatgurke
1 Tomate
Kresse zum Garnieren

Zubereitung:

1. Heizen Sie den Backofen auf 160 °C Ober- und Unterhitze vor und belegen ein Backblech mit Backpapier. Legen Sie die Brote darauf und backen diese von beiden Seiten für jeweils 4 Minuten an. Alternativ können Sie diese auch einfach toasten.

2. Schneiden Sie in der Zwischenzeit Tempeh in Streifen und braten die Streifen in einer beschichteten

Pfanne von beiden Seiten knusprig an. Waschen Sie nun Salat, Gurke und Tomate und schneiden Gurke und Tomate in Scheiben.

3. Bestreichen Sie nun die eine Brothälfte mit Hummus, belegen diesen dann mit Salat, dann Gurke, Tomate, Kresse und schließlich Tempeh. Setzen Sie die zweite Brothälfte als Deckel obendrauf.

KÖRBCHEN AUS KOHLRABI

Nährwerte: 451 kcal, 75 mg Magnesium, 23 g Fett, 34 g Kohlenhydrate, 19 g Eiweiß

Zutaten für 2 Portionen:

- *2 Kohlrabi mit Grün*
- *½ Knoblauchzehe*
- *1,5 Frühlingszwiebeln*
- *25 g Walnusskerne*
- *75 g Mischbrot*
- *75 g Schafskäse*
- *1 EL Rapsöl*
- *1 Ei*
- *½ Bund Basilikum*
- *Pfeffer*
- *Salz*
- *50 g saure Sahne*

Zubereitung:

1. Putzen Sie den Kohlrabi und legen die Blätter beiseite. Halbieren Sie die geschälte Knolle und höhlen die

Hälften mithilfe eines Kugelausstechers so weit aus, dass noch 1 cm Rand bleibt. Hacken Sie das herausgelöste Kohlrabifleisch dann klein und geben es in eine Schüssel. Schneiden Sie die gewaschenen und geputzten Frühlingszwiebeln in feine Ringe und geben diese mit zum Kohlrabifleisch. Hacken Sie den geschälten Knoblauch sowie die Walnusskerne mittelfein und geben beides ebenfalls in die Schüssel.

2. Schneiden Sie das Brot und den Schafskäse in kleine Würfel und mischen beide Komponenten mit dem Öl unter das Gemüse. Hacken Sie die gewaschenen und trocken geschüttelten Kohlrabi- und Basilikumblätter grob und pürieren diese gemeinsam mit dem Ei.

3. Heizen Sie den Backofen auf 180 °C vor. Mischen Sie die Eimasse unter die Brotmasse und schmecken die Füllung mit Pfeffer und Salz ab. Salzen und pfeffern Sie außerdem die Kohlrabischälchen von innen und befüllen diese dann mit der Masse. Setzen Sie die Schälchen auf ein mit Backpapier ausgelegtes Backblech und garen diese für 30 Minuten auf der mittleren Schiene im Ofen. Servieren Sie die Hälften dann mit einem Klecks Saurer Sahne.

LINSENEINTOPF

Nährwerte: 539 kcal, 102 mg Magnesium, 33 g Fett, 31 g Kohlenhydrate, 28 g Eiweiß

Zutaten für 2 Portionen:

1 Bund Suppengemüse

½ Zwiebel

100 g Kartoffeln

700 ml Fleischbrühe

1 TL Olivenöl

1 Lorbeerblatt

20 g Petersilie

1 TL getrockneter Thymian

1 EL Essig

Salz

1 TL Senf

Pfeffer

4 Geflügelwürstchen

150 g braune, getrocknete Linsen

Zubereitung:

1. Waschen, putzen und schälen Sie bei Bedarf das Suppengemüse und schneiden alles in kleine Würfel. Schälen und brausen Sie die Kartoffeln ab und schneiden

diese ebenfalls in kleine Würfel. Würfeln Sie auch die geschälte Zwiebel.

2. Erhitzen Sie etwas Olivenöl in einem und dünsten die Zwiebeln für 3 Minuten bei mittlerer Hitze an. Löschen Sie diese dann mit der Brühe ab. Brausen Sie die Linsen in einem Sieb kalt ab und kochen diese zusammen mit Lorbeer, Kartoffeln, Gemüse und Thymian in der Brühe auf. Lassen Sie alles dann für 30 bis 40 Minuten köcheln.

3. Zupfen Sie die Blättchen der gewaschenen und trocken geschüttelten Petersilie ab. Legen Sie ein paar Blättchen beiseite und hacken den Rest ganz fein. Rühren Sie nun Senf, Essig und die Petersilie in die Suppe und schmecken diese mit Pfeffer und Salz ab. Richten Sie die Suppe abschließend mit den Würstchen auf dem Teller an und garnieren diese mit den restlichen Petersilienblättern.

WRAP MIT HÄHNCHEN

Nährwerte: 185 kcal, 53 mg Magnesium, 8 g Fett, 17 g Kohlenhydrate, 12 g Eiweiß

Zutaten für 4 Wraps:

1 Hähnchenbrustfilet
Pfeffer
Salz
1 Ei
1 EL Vollkorn-Semmelbrösel
1 EL Rapsöl
½ Paprikaschote
¼ Salatgurke
2 Salatblätter
½ Zwiebel
2 Vollkorn-Tortillafladen
2 EL Ketchup
2 EL Schmand

Zubereitung:

1. Salzen und pfeffern Sie das Hähnchenbrustfilet. Geben Sie die Semmelbrösel auf einen flachen Teller und das Ei in einen tiefen Teller aufgeschlagen. Wenden Sie

das Filet dann erst in Ei und dann in Semmelbröseln. Braten Sie das panierte Filet dann in einer Pfanne für 10 Minuten und bei mittlerer Hitze goldbraun und rundherum an. Lassen Sie das Hähnchen dann abkühlen und schneiden es in kleine Stücke.

2. Halbieren Sie die geschälte Gurke längs, schaben die Kerne mit einem kleinen Löffel heraus und schneiden das übrige Fruchtfleisch dann in Scheiben. Waschen, putzen, halbieren und entkernen Sie die Paprika und schneiden diese ebenfalls in Streifen. Schneiden Sie zudem die geschälte Zwiebel klein.

3. Heizen Sie den Backofen auf 180 °C vor. Putzen, waschen und verlesen Sie die Salatblätter. Schleudern Sie diese dann trocken und zupfen sie klein. Erwärmen Sie die Tortillas für 2 bis 3 Minuten im Backofen. Bestreichen Sie diese daraufhin mit Schmand und würzen mit Salz sowie Pfeffer. Verteilen Sie nun das Gemüse, den Salat und die Hähnchenstreifen darauf, rollen die Tortilla tütenförmig auf und geben je einen Klecks Ketchup auf die halbierte Tortilla.

HIRSEBRATLINGE MIT GEMÜSE

Nährwerte: 308 kcal, 125 mg Magnesium, 16 g Fett, 31 g Kohlenhydrate, 10 g Eiweiß

Zutaten für 2 Portionen:

200 ml Gemüsebrühe

1 Ei

75 g Hirse

1 EL geriebener Parmesan

Pfeffer

100 g junger Spinat

Salz

2,5 EL Olivenöl

125 g Kirschtomaten

Saft einer halben Orange

60 ml Reisdrink

1,5 Stiele Thymian

Muskat

Zubereitung:

1. Lassen Sie die Gemüsebrühe aufkochen, waschen die Hirse in einem Sieb und geben diese dann zur Brühe.

Lassen Sie die Hirse dann für 15 Minuten zugedeckt und bei niedriger Hitze köcheln. Nehmen Sie die Hirse dann vom Herd, lassen diese aber für weitere 20 Minuten zugedeckt ausquellen. Am Ende sollte die Hirse die gesamte Flüssigkeit aufgesogen haben. Geben Sie die Hirse daraufhin in eine Schüssel, vermischen diese mit Parmesan, Salz, Pfeffer und dem Ei und lassen Sie für weitere 20 Minuten ziehen.

2. Halbieren Sie in der Zwischenzeit die gewaschenen Tomaten und dünsten diese in einer Pfanne mit Öl an. Löschen Sie die Tomaten dann mit der Hälfte des ausgepressten Orangensaftes ab, nehmen die Pfanne von der Hitzequelle und lassen die Tomaten ziehen. Schmecken Sie diese noch mit Pfeffer und Salz ab.

3. Waschen, putzen und schleudern Sie den Spinat trocken. Erhitzen Sie etwas Öl in einer Pfanne, geben den Spinat hinein und lassen diesen zusammenfallen. Gießen Sie nun den Reisdrink an und lassen beides zusammen köcheln, bis die Masse leicht sämig ist. Schmecken Sie die Mischung dann mit Salz, Pfeffer, Muskat und dem restlichen Orangensaft ab.

4. Formen Sie 6 Taler aus der Hirsemasse und braten diese in einer Pfanne mit etwas Öl und den Thymianzweigen langsam beidseitig für je 4 Minuten an. Richten Sie die auf einem Küchenpapier abgetropften Taler abschließend mit den Tomaten und dem Spinat an.

TABOULÉ

Nährwerte: 261 kcal, 98 mg Magnesium, 12 g Fett, 37 g Kohlenhydrate, 5 g Eiweiß

Zutaten für 2 Portionen:

1 Tomate
100 g feiner Bulgur oder Couscous
½ Handvoll Petersilie
2 EL Olivenöl
2,5 EL Zitronensaft
Pfeffer
Salz

Zubereitung:

1. Geben Sie den Bulgur in eine große Schüssel und übergießen diesen so mit heißem Wasser, dass der Bulgur vollständig bedeckt ist. Lassen Sie den Bulgur dann für 20 Minuten quellen. Schneiden Sie mit einem kleinen Messer den Stielansatz der gewaschenen Tomaten keilförmig heraus und ritzen diese auf der anderen Seite kreuzweise ein. Übergießen Sie die Tomaten in einer Schüssel mit heißem Wasser, lassen diese für 2 Minuten ziehen und schrecken sie dann unter kaltem

Wasser ab. Häuten Sie die Tomaten dann mithilfe eines kleinen Messers. Vierteln Sie die Tomaten anschließend und schaben die Kerne mit einem scharfkantigen Löffel heraus. Schneiden Sie das übrige Fruchtfleisch in kleine Würfel.

2. Zupfen Sie die Blätter der gewaschenen und trocken geschüttelten Petersilie ab und hacken diese klein. Schneiden Sie außerdem die geputzte und gewaschene Frühlingszwiebel in feine Ringe. Verrühren Sie für das Dressing das Öl in einem kleinen Glas mit dem Zitronensaft und würzen dieses mit Pfeffer und Salz.

3. Gießen Sie den Bulgur im Sieb ab, brausen diesen zusätzlich mit kaltem Wasser ab und drücken die Flüssigkeit etwas aus. Geben Sie den Bulgur dann wieder in die Schüssel und vermengen diesen mit allen weiteren Salatzutaten. Lassen Sie das Tabbouleh mehrere Stunden ziehen und schmecken es vor dem Servieren nochmals mit Salz und Pfeffer ab.

SOMMERSALAT

Nährwerte: 341 kcal, 43 mg Magnesium, 23 g Fett, 18 g Kohlenhydrate, 14 g Eiweiß

Zutaten für 2 Portionen:

2 große Tomaten
¼ Salatgurke
2 Handvoll Rucola
1 Manchego
20 g gesalzene Pistazien
2 EL weißer Balsamessig
40 g schwarze Oliven
Salz
1 TL Honig
Pfeffer
200 g Fruchtfleisch einer Wassermelone

Zubereitung:

1. Schneiden Sie die gewaschene Gurke in Scheiben. Halbieren Sie die gewaschenen Tomaten, entfernen diese vom Strunk und schneiden Sie dann ebenfalls in Scheiben.

2. Waschen und schleudern Sie den Rucola trocken und brechen die Pistazienkerne aus den Schalen. Schneiden Sie den Käse in Scheiben und brechen die Scheiben dann in mundgerechte Stücke.

3. Vermischen Sie Gurke, Tomaten, Oliven, Olivenöl und Essig miteinander. Schmecken Sie das Gemüse mit Salz, Honig und Pfeffer ab und richten es in tiefen Tellern an. Schneiden Sie nun das Melonenfruchtfleisch in Scheiben und verteilen dieses zusammen mit Käse, Rucola und Pistazie über dem Gemüse. Der Salat sollte sofort serviert werden.

GRAUPENPFANNE MIT ROTE BETE UND HALLOUMI

Nährwerte: 451 kcal, 52 mg Magnesium, 16 g Fett, 57 g Kohlenhydrate, 20 g Eiweiß

Zutaten für 2 Portionen:

1 Schalotte

1 TL Olivenöl

½ Knoblauchzehe

400 ml Gemüsebrühe

1 Lorbeerblatt

250 g Rote Bete, vakuumverpackt und vorgegart

125 g Gerstengraupen

Pfeffer

Jodsalz mit Fluorid

5 g Petersilie

75 g Halloumi

Zubereitung:

1. Würfeln Sie die geschälte Schalotte und den geschälten Knoblauch fein und dünsten beides in einem Topf

mit etwas Öl und bei mittlerer Hitze für 2 Minuten an. Geben Sie dann das Lorbeerblatt, die Graupen und die Brühe hinzu und lassen diese zugedeckt bei niedriger Hitze für 15 Minuten köcheln. In der Zwischenzeit können Sie die Rote Bete in kleine Würfel schneiden.

2. Mischen Sie diese dann unter die Graupen, schmecken mit Pfeffer und Salz ab und lassen beides zusammen für 5 Minuten weitergaren. Schneiden Sie währenddessen den Halloumi in dicke Scheiben und braten die Scheiben mit etwas Öl in einer Pfanne beidseitig für 3 Minuten goldbraun an. Hacken Sie die Blättchen der gewaschenen und trocken geschüttelten Petersilie.

3. Entfernen Sie das Lorbeerblatt und schmecken die Graupen ab. Richten Sie diese dann zusammen mit dem Halloumi auf Tellern an und bestreuen das Gericht abschließend mit Petersilie.

POWER-TEIGFLADEN

Nährwerte: 371 kcal, 103 mg Magnesium, 7 g Fett, 58 g Kohlenhydrate, 15 g Eiweiß

Zutaten für 4 gefüllte Teigfladen:

150 g TK-Blattspinat

1 Hefe-Würfel

200 ml Milch

Salz

½ Bund glatte Petersilie

150 g Maismehl

150 g feines Weizenvollkornmehl

100 g Kartoffeln

1 EL Pinienkerne

15 g Schafskäse

2 Zwiebeln

1 EL Olivenöl

½ TL edelsüßes Paprikapulver

2 EL körniger Frischkäse

Pfeffer

1 EL Kondensmilch

Zubereitung:

1. Lassen Sie den Spinat nach Packungsanweisung auftauen, erwärmen Milch in einem Topf und geben diese dann in eine große Schüssel. Zerbröseln Sie den Hefe-Würfel mit den Fingern und rühren diesen mit 1 TL Salz unter die noch warme Milch. Zupfen Sie die Blättchen der gewaschenen und trocken geschüttelten Petersilie ab und hacken diese fein. Legen Sie etwas Petersilie für die Füllung beiseite und geben den Rest mit in die Schüssel.

2. Vermischen Sie beide Mehlsorten und sieben die Mischung dann in die Milch. Kneten Sie alles dann mit Knethaken zu einem geschmeidigen, glatten Teig. Decken Sie den Teig nun mit einem Küchentuch ab und lassen diesen für 30 bis 40 Minuten an einem warmen Ort gehen, aber mindestens so lange, bis sich der Teig in seinem Volumen verdoppelt hat.

3. Währenddessen können die Kartoffeln gewaschen, geschält und auf einer Kastenreibe grob geraspelt werden. Würfeln Sie die geschälte Zwiebel fein und hacken den ausgedrückten Spinat ebenso fein. Rösten Sie die Pinienkerne ohne Öl in einer beschichteten Pfanne an und stellen diese beiseite. Dünsten Sie die Zwiebeln mit etwas Öl in einer zweiten Pfanne glasig an, geben

dann Spinat und Kartoffeln hinzu und braten alles an, bis die ganze Flüssigkeit verdampft ist. Rühren Sie dann Paprikapulver, die restliche Petersilie, Pfeffer und Salz unter.

4. Mischen Sie nun den körnigen Frischkäse unter die Masse und heben den zerbröselten Schafskäse ebenfalls vorsichtig unter. Lassen Sie die Füllung gut abkühlen. Kneten Sie den Teig noch einmal gut durch, teilen diesen in 4 Portionen der gleichen Größe und rollen die Portionen zu Teigfladen mit einem Durchmesser von circa 12 cm aus.

5. Heizen Sie den Backofen auf 180 °C Umluft vor. Geben Sie je eine Portion Füllung in die Mitte des Teigfladens, bestreuen diese mit Pinienkernen und klappen den Teig dann zu halbmondförmigen Teigtaschen zusammen. Drücken Sie die Ränder gut zusammen und pinseln die Taschen dann mit Kondensmilch ein.

6. Legen Sie die Taschen auf ein mit Backpapier ausgelegtes Backblech und backen diese für 20 Minuten gar.

ZUCCHINISCHIFFCHEN

Nährwerte: 386 kcal, 116 mg Magnesium, 7 g Fett, 66 g Kohlenhydrate, 12 g Eiweiß

Zutaten für 2 Portionen:

150 g Naturreis

2 Zucchini

Salz

1 Knoblauchzehe

½ Zwiebel

1 rote Paprikaschote

¼ TL Kurkuma gemahlen

1 EL Olivenöl

½ TL Paprikapulver rosenscharf

50 ml Gemüsebrühe

Pfeffer

Zubereitung:

1. Garen Sie den Reis nach Packungsanweisung in kochendem Salzwasser und gießen ihn dann ab. Während der Kochzeit kann die gewaschenen Zucchini halbiert und ausgehöhlt werden. Schneiden Sie das ausgehöhlte Fruchtfleisch klein.

2. Hacken Sie den geschälten Knoblauch und die geschälte Zwiebel fein. Halbieren, entkernen und waschen Sie die Paprikaschote und würfeln diese ebenfalls klein. Braten Sie die 3 Komponenten dann mit etwas Öl in einer heißen Pfanne für 3 bis 4 Minuten an. Geben Sie dann den Reis hinzu und braten diesen für 3 Minuten mit. Daraufhin folgt das Fruchtfleisch der Zucchini. Schmecken Sie die Füllung mit Pfeffer, Paprikapulver, Salz und Kurkuma ab.

3. Heizen Sie den Backofen auf 200 °C vor. Befüllen Sie die Zucchinischiffchen und legen diese in eine Auflaufform. Gießen Sie dann die Gemüsebrühe hinzu und backen die Schiffchen für 20 Minuten gar. Beträufeln Sie die Zucchini während der Backzeit immer mal wieder mit der Brühe.

PIZZA AUF KARTOFFELBASIS

Nährwerte: 703 kcal, 204 mg Magnesium, 47 g Fett, 41 g Kohlenhydrate, 28 g Eiweiß

Zutaten für 2 Pizzen:

150 g mehligkochende Kartoffeln
35 g Butter
Salz
75 g Dinkelvollkornmehl
200 g reife Tomaten
½ TL Backpulver
1 Kugel Mozzarella
Pfeffer
75 g Emmentaler
1 EL getrockneter Oregano
1,5 EL Olivenöl

Zubereitung:

1. Kochen Sie die gewaschenen Kartoffeln für 30 Minuten in Salzwasser, pellen diese dann noch heiß ab

und drücken Sie sie durch die Kartoffelpresse. Rühren Sie dann die Butter unter die durchgepressten Kartoffeln und lassen alles gemeinsam abkühlen.

2. Geben Sie nun Backpulver, Mehl und Salz zu der Kartoffelmasse und kneten alles zu einem weichen Teig. Fetten Sie ein Pizzabackblech leicht ein, teilen Sie den Teig dann in Hälften auf und formen aus den beiden Hälften je einen runden Fladen. Drücken Sie den Rand dabei etwas höher und legen diesen auf das Pizzabackblech. Schneiden Sie die Tomaten in dünne Scheiben, würfeln den Mozzarella klein, reiben den Emmentaler ebenso klein und mischen beide Käsesorten miteinander.

3. Verteilen Sie nun die Tomatenscheiben gleichmäßig auf dem Teigboden, würzen diese mit Pfeffer, Oregano und Salz und geben die Käsemischung darüber. Heizen Sie den Backofen auf 180 °C Umluft vor. Beträufeln Sie die Pizza abschließend mit ein wenig Öl und backen diese für 20 bis 30 Minuten gar.

GRATIN AUS SPARGEL MIT SCHINKEN

Nährwerte: 304 kcal, 79 mg Magnesium, 16 g Fett, 13 g Kohlenhydrate, 25 g Eiweiß

Zutaten für 2 Portionen:

350 g grüner Spargel
Salz
350 g weißer Spargel
100 g Putenschinken
½ Zwiebel
15 g Dinkelvollkornmehl
15 g Butter
125 ml Gemüsebrühe
Pfeffer
½ EL Schlagsahne
Muskat
50 g geriebener Gouda
Schnittlauch zum Bestreuen

Zubereitung:

1. Schälen Sie beim grünen Spargel nur das untere Drittel und den weißen Spargel komplett, waschen Sie beide Spargelsorten dann und schneiden die holzigen

Enden ab. Geben Sie zuerst den weißen Spargel in genügend kochendes Salzwasser und kochen diesen bei mittlerer Hitze für 2–3 Minuten, geben Sie erst dann den grünen Spargel für weitere 2 Minuten hinzu.

2. Würfeln Sie in der Zwischenzeit den Schinken klein. Gießen Sie den Spargel nun ab und fangen das Spargelwasser dabei auf. Lassen Sie das Gemüse gut abtropfen. Schneiden Sie die geschälte und halbierte Zwiebel in feine Würfel und dünsten diese mit etwas Butter in einer Pfanne kurz an. Fügen Sie dann das Mehl hinzu, rühren dieses ein und lassen beides für eine bis zwei Minuten leicht anrösten.

3. Mischen Sie die Gemüsebrühe mit 125 ml Spargelwasser. Gießen Sie so lange etwas von der Spargelwassermischung auf, bis ein Klumpen-freier und zäher Brei entstanden ist. Rühren Sie das restliche Spargelwasser dann unter. Kochen Sie die Soße einmal auf, würzen diese mit Muskat, Salz und Pfeffer und rühren daraufhin Käse und Sahne unter.

4. Heizen Sie den Backofen auf 160 °C Umluft vor. Schichten Sie den Spargel in einer Auflaufform, bestreuen diesen mit Schinken und begießen den Auflauf abschließend mit der Soße. Überbacken Sie den Auflauf für ungefähr 10 Minuten und bestreuen das Gratin abschließend mit Schnittlauch.

MAIS-BOHNENSALAT NACH MEXIKANISCHER ART

Nährwerte: 316 kcal, 43 mg Magnesium, 16 g Fett, 30 g Kohlenhydrate, 12 g Eiweiß

Zutaten für 2 Portionen:

142 g Mais Abtropfgewicht
½ rote Paprikaschote
125 g Kidneybohnen
½ gelbe Paprikaschote
1 Fleischtomate
½ grüne Paprikaschote
½ Knoblauchzehe
½ rote kleine Chilischote
100 g Schmand
Pfeffer
Salz

Zubereitung:

1. Lassen Sie Bohnen und Mais abtropfen, halbieren und entkernen Sie die gewaschenen Paprikaschoten

und schneiden diese dann in Würfel. Schneiden Sie ebenso die gewaschenen Tomaten in feine Würfel. Halbieren Sie die Chilischote längs, entkernen und waschen diese und hacken sie dann klein. Hacken Sie außerdem den Knoblauch fein, nachdem Sie diesen geschält haben.

2. Verrühren Sie nun Chili, Salz, Schmand, Knoblauch und Pfeffer, richten die vorbereiteten Salatzutaten auf einem Teller an und beträufeln diese mit dem Dressing.

FRUCHTIGE WEIßE BOHNEN MIT PASTINAKEN

Nährwerte: 350 kcal, 89 mg Magnesium, 9 g Fett, 42 g Kohlenhydrate, 15 g Eiweiß

Zutaten für 2 Portionen:

- *200 g Pastinaken*
- *125 g weiße, getrocknete Riesenbohnen*
- *1 Schalotte*
- *2 EL Tomatenmark*
- *1 EL Olivenöl*
- *100 ml Gemüsebrühe*
- *Pfeffer*
- *Salz*
- *½ TL Paprikapulver*
- *½ TL gemahlener Koriander*
- *2 Stiele Majoran*
- *1 Apfel*
- *2 Stiele Petersilie*
- *1 TL Butter*

Zubereitung:

1. Weichen Sie die Bohnen über Nacht in Wasser ein, gießen das Wasser am nächsten Tag ab und kochen die Bohnen in einem Liter Wasser für 1,5 bis 2 Stunden mit niedriger Hitze weich. Spülen Sie die Bohnen nach dem Kochvorgang in einem Sieb ab und lassen diese gut abtropfen.

2. Schälen Sie die geputzten Pastinaken und schneiden diese in ungefähr 2 cm große Würfel. Hacken Sie außerdem die geschälten Schalotten klein. Dünsten Sie die Schalotten nun in einem Topf mit erhitztem Öl bei mittlerer Hitze für 2 Minuten an. Geben Sie dann die Pastinaken hinzu und dünsten diese für 4 Minuten mit. Rühren Sie daraufhin das Tomatenmark unter und lassen es kurz karamellisieren. Nun können die Bohnen in den Topf und mit der Brühe aufgegossen werden. Würzen Sie die Mischung mit Pfeffer, Koriander, Salz und Paprikapulver.

3. Zupfen Sie die Blättchen des gewaschenen Majorans und der gewaschenen Petersilie ab, mischen die Hälfte der Kräuter unter die Bohnen und köcheln alles zusammen für 10 Minuten bei niedriger Hitze. Währenddessen können Sie das Kerngehäuse der gewaschenen Äpfel herausstechen und die Äpfel dann in Ringe

schneiden. Braten Sie die Apfelringe in einer Pfanne mit Butter von beiden Seiten für 4 Minuten bei mittlerer Hitze an. Geben Sie nun den übrigen Majoran mit zu den Bohnen und schmecken die Bohnen erneut mit Pfeffer und Salz ab. Richten Sie die Bohnen dann mit den Apfelringen auf Tellern an und garnieren das Gericht abschließend mit der übrigen Petersilie.

KÄSERÖLLCHEN AUS ZUCCHINI

Nährwerte: 321 kcal, 56 mg Magnesium, 24 g Fett, 6 g Kohlenhydrate, 19 g Eiweiß

Zutaten für 2 Portionen:

1 Zucchini
200 g Feta
Salz
75 g getrocknete Tomaten
1 Handvoll Rucola
Pfeffer
1 EL Olivenöl
2 EL Balsamessig

Zubereitung:

1. Schneiden Sie die gewaschene und geputzte Zucchini längs in sehr dünne Scheiben oder ziehen Sie diese Scheiben einfach mit einem Sparschäler ab. Lassen Sie den Feta abtropfen und schneiden diesen in ungefähr 1 cm dicke Stifte. Waschen, verlesen und schleudern Sie außerdem den Rucola trocken.

2. Salzen und pfeffern Sie die Zucchinischeiben und legen immer jeweils an ein Ende der Scheibe einen Fetastift und 1 oder 2 getrocknete Tomaten. Legen Sie außerdem ein paar Rucolablätter hinzu und rollen die Zucchini samt Füllung dann zu einem Röllchen auf. Fixieren Sie die Zucchinischeibe mit einem Zahnstocher und bepinseln diese mit etwas Olivenöl.

3. Grillen Sie die Zucchiniröllchen nun auf dem Grill oder in einer Grillpfanne für 5 bis 7 Minuten. Legen Sie die Röllchen dann auf den Teller und beträufeln diese abschließend mit etwas Balsamessig.

ROULADE VOM LAMM MIT ERBSPÜREE

Nährwerte: 495 kcal, 211 mg Magnesium, 21 g Fett, 19 g Kohlenhydrate, 67 g Eiweiß

Zutaten für 2 Portionen:

100 g Kalbfleisch aus der Keule
Salz
75 g Mangoldblätter
2 Lammlachse
1 Knoblauchzehe
Pfeffer
1 Rosmarinzweig
1 Ei
½ EL Olivenöl
½ TL Zitronensaft
25 g Schlagsahne
2 Petersilienstiele
7 g Butter
250 g tiefgekühlte Erbsen
½ Handvoll Brunnenkresse
40 g Saure Sahne

Zubereitung:

1. Würfeln Sie das abgespülte und trocken getupfte Kalbfleisch klein und lassen es für eine Viertelstunde im Gefrierfach anfrieren. Waschen Sie währenddessen den Mangold und lassen diesen für 2 bis 3 Minuten in kochendem Salzwasser garen. Schrecken Sie den Mangold dann ab und tupfen ihn vorsichtig trocken.

2. Spülen Sie nun die Lammlachse ab, tupfen diese trocken und würzen sie mit Pfeffer sowie Salz. Schneiden Sie den geschälten Knoblauch in Scheiben und waschen den Rosmarin. Braten Sie dann die Lammlachse mit Knoblauch und Rosmarin für 4 bis 5 Minuten in einer Pfanne mit Öl bei mittlerer Hitze an und nehmen das Fleisch dann wieder aus der Pfanne. Trennen Sie nun das Ei. Dieses und die Sahne und mixen dieses immer portionsweise mit dem Kalbfleisch und mithilfe eines Blitzhackers zu einer möglichst feinen Farce. Vermischen Sie die Zutaten gut und streichen die Farce bei Bedarf noch zusätzlich durch ein feines Sieb. Würzen Sie diese dann mit Pfeffer, Zitronensaft und Salz. Mischen Sie außerdem die Petersilie unter die Farce, nachdem Sie diese gewaschen, trocken geschüttelt und fein gehackt haben.

3. Heizen Sie den Backofen auf 140 °C Umluft vor. Legen Sie nun je 2 Mangoldblätter auf der Arbeitsplatte aus und achten darauf, dass sich diese 2 Blätter immer jeweils überlappen. Bestreichen Sie die Blätter mit der Farce. Legen Sie nun den Lammrücken mit dem Knoblauch und dem Rosmarin darauf, schlagen dann die Mangoldblätter ein und legen die Rouladen in eine Auflaufform. Garen Sie diese dann für 15 bis 20 Minuten im Ofen.

4. In der Zwischenzeit werden die Erbsen für 4 Minuten in kochendem Salzwasser gegart. Nehmen Sie dann einen EL der Erbsen heraus und pürieren den Rest zusammen mit der Butter fein. Mischen Sie dann die restlichen Erbsen und die gewaschene sowie trocken geschüttelte Kresse unter und schmecken das Püree mit Pfeffer und Salz ab. Lassen Sie die Rouladen nach der Garzeit noch für 5 Minuten ruhen und richten diese dann in Scheiben mit dem Püree und Saurer Sahne an.

HÜHNERFRIKASSEE MIT KAPERN

Nährwerte: 440 kcal, 97 mg Magnesium, 21 g Fett, 12 g Kohlenhydrate, 52 g Eiweiß

Zutaten für 2 Portionen:

400 ml Geflügelfond

1 Bio-Zitrone

½ TL schwarze Pfefferkörner

1 Lorbeerblatt

½ Bund Suppengrün

Salz

½ Zwiebel

150 ml Kochsahne

300 g Hähnchenbrustfilet

150 g Pioppini-Pilze oder kleine Steinchampignons

Weißer Pfeffer

1 EL abgetropfte Kapern

Petersilie zum Garnieren

½ EL Zitronensaft

Zubereitung:

1. Bringen Sie den Fond mit 200 ml Wasser, Zitronenschale, Pfefferkörnern und dem Lorbeerblatt in einem Topf zum Kochen. Salzen Sie die Mischung außerdem etwas. Waschen, putzen und schneiden Sie das Suppengrün grob und würfeln Sie außerdem die geschälte Zwiebel grob. Waschen Sie auch die Hähnchenbrüste und legen diese zusammen mit dem vorbereiteten Suppengemüse und der Zwiebel in den Sud. Lassen Sie alles bei kleiner Hitze für 35 Minuten köcheln.

2. Nehmen Sie das Geflügel nach der Garzeit heraus und lassen es etwas abkühlen. Gießen Sie den Fond durch ein Sieb, messen ungefähr 300 ml ab und geben diese in einen weiteren Topf. Rühren Sie die Kochsahne ein und lassen den Fond auf ungefähr 200 ml einköcheln.

3. Schneiden Sie die geputzten Pilze bei Bedarf in kleinere Stücke, geben diese zur Soße und garen Sie für 5 Minuten mit. Schneiden Sie das Hähnchenfleisch nun in mundgerechte Stücke und rühren dieses mit den Kapern ebenso unter. Garen Sie alles gemeinsam noch für 3 Minuten. Schmecken Sie das Hühnerfrikassee abschließend mit Salz, Zitronensaft und Pfeffer ab und garnieren es abschließend mit Petersilie.

Der Körper im Gleichgewicht

Nachdem Sie sich nun auch einen guten Überblick über die Vielzahl von leckeren Rezepten verschaffen konnten, fehlt nur noch ein Schritt, nämlich die Umsetzung des frisch angeeigneten Wissens. Zwischen Ihnen und einem gesunden und gut funktionierenden Körper steht nichts mehr außer der Umsetzung. Freuen Sie sich auf farbenfrohe Gerichte, qualitativ hochwertige Unterstützung durch Ihre Zelltuning-Produkte und schauen Sie dabei zu, wie Ihr Körper Ihnen auf Dauer mit Wohlbefinden und

Leistungsfähigkeit dankt. Viel Spaß beim Kochen und auf geht es in Richtung Wohlfühlleben

Herstellung und Verlag:

BoD – Books on Demand, Norderstedt

ISBN: 9783755756095

1. Auflage

Kontakt: Psiana eCom UG/ Berumer Str. 44/ 26844 Jemgum

Covergestaltung: Fenna Larsson

Coverfoto: depositphotos.com